悉達多的花園

Buddha
and The garden

日常中的佛教典故、植物園與花草眾相

佛系熱帶植物誌

胖胖樹 王瑞閔 著

推薦序 •

悟覺善美的彼岸意境

談到佛教植物，第一時間在您腦海中浮出什麼畫面？是菩薩端坐的蓮座？觀音手持的楊枝？釋迦拈花？佛祖悟道的菩提樹？香爐裡的一縷檀香？還是持誦的菩提佛珠？

佛門稱花為「華」，佛教與花有很深的淵源，其形象既莊嚴又無常；佛典也用花命名，諸如法華經或華嚴經；佛經裡常見以花隱喻，鏡花水月、一花一世界、天女散花、花開見佛……佛陀的一生，從出生、成道到涅槃都有植物的典故，佛壇上更少不了鮮花供佛。但除了這些粗淺的印象，恐怕必須承認，對多數信眾而言，我們認識的佛教植物實在不多，佛經梵語裡指涉的植物，對佛教徒來說，更是神祕的咒語，缺乏實相可供想像，遑論理解佛教相關植物的前世今生。

終於我們欣喜的發現，在本書中，胖胖樹扮演了當代玄奘的角色，帶領讀者回到印度大陸，探索解析佛教中的植物學，補足因傳播日久的遺落與誤解，更涉及遠來的花木因水土不服，抑或傳教國家的在地置換，添補還原出各色佛教植物。

那個佛教起源的古老國度，因西南季風夾帶豐沛雨量，具有熱季、雨季、涼季的氣候；因德干高原與喜馬拉雅山屏障，分化出莽原、沙漠、叢林，雪山等植群；位處南亞平原，印度庭院裡稀疏的高大樹木，是孔雀與鹿群的棲身之所。神祕的阿育吠陀醫學，採用多樣性驚人的藥用植物，光就常民生活中的香料咖哩，已經是民族植物學的天堂。如此多元的環境、種族、文化，也形塑出多宗教的發源地。胖胖樹的唐僧領路，意味著植物學與宗教文明的查找、推測、歸納與驗證，感謝他背後不知花了多少苦工，跨界成果斐然，我們才得以重新認識這些佛教植物。

在各種佛教植物的考據後，再帶領讀者回到熟悉的場域，例如創設於一八九六年的台北植物園。漫步園內，日治時期植物學家引入的佛教植物均已蔚然成林，推測當時南進引入各種有用植物，也包括宗教植物，隨時光久遠，這些外來樹木漸被國人遺忘。

佛教植物區一隅，有座枯山水花園「南門町三二三」，這座原汁原味的日本禪宗庭園，以碎石搭配錯落有致的石景，遍植松樹、羅漢松等不開花的常綠植物，意味著不受萬紫千紅的花事干擾。日本禪宗文化追求「侘寂」的意境，「侘（wabi）」指的是簡樸優雅的美感，而「寂（sabi）」則是飛逝時光的無常，透過侘寂的庭園，講述一種寂靜卻又無常，只能體會卻又難以言說的自然觀。在忙碌的現代生活中，卻對佛教植物產生新的需求與意義，佛教植物具備療癒的靈性功能，衍生出當代的新詮釋。

魯鈍如我，在努力理解當代佛學的當下，透過揣想這些真實的佛教植物，或許更能透過理性，增添一些佛性見心的途徑吧？相信聰明的讀者，在透過本書的植物介紹而「見花是花」之外，更能層層昇華，從實相離岸至無我的宇宙觀。猶如繁花落下，悟覺善美的彼岸意境。

林業試驗所植物園組組長

作者序 ●

踏覓悉達多的花園

隨口問問身邊的人知不知道佛教植物，大概都可以說出菩提樹，我想這是佛教文化深入我們日常生活的最佳證明。但是佛教與印度文化影響所及，遠遠超過我們的想像。透過《悉達多的花園》，我迫不及待想將這些年來的有趣發現，跟大家分享。

這本書所涉及的典故非常廣泛，包括我從小愛看的霹靂布袋戲、金庸小說、清宮劇，高中以後開始著迷的《航海王》、古典詩詞，大學以後修課認識的東方哲學、植物分類學，還有好友們常提起的瑜伽、阿育吠陀，甚至我出社會後開始接觸的讖緯之學，或多或少都與佛教及佛教植物有關。

從開始到完成，寫作佛教植物這本書兩年的時間裡，我一方面盡可能查閱相關典籍，考證植物與佛教典故；一方面跑了無數的寺廟、植物園，還漂洋過海去了中國、泰國，拍攝植物與佛教相關照片。而我，便在一次次大大小小的尋找佛教植物旅行中，慢慢建構了完整的骨架，將上述這些知識一一填入。

不過，寫這本書遇到非常多次瓶頸。《悉達多的花園》雖是我的第三本書，卻是在我第一本書付梓之時就產生的構想。當時編輯采芳問我對於第二本有什麼想法，有沒有興趣寫佛教植物，我當下就覺得是個很棒的提議。但是才要開始，就發現根本不知從何下手。

十多年來研究熱帶植物的過程中，我不只一次發現，那些來自熱帶亞洲的植物，總是與佛教或阿育吠陀有關。二〇一三年起，我開始特別注意，刻意考證自己認識的熱帶植物中，哪些與佛教典籍相關。在撰書前便整理出一部分名錄，並且將其中幾種植物的佛教典故寫入第一本書之中。

不過，由於我對佛學認識有限，加上佛經植物考證困難，才決定要將過去蒐集到的資料寫成書，就發現這是個艱鉅的工程。光是大綱就卡了非常久，修改了無數次，困難度甚至超過前兩本書。

兩年來寫寫停停，停停寫寫。好幾次頭都要炸了，卻毫無進展。但是每一次遇到困難，我都鼓勵自己，告訴自己：「這也許是佛祖給我的考驗，一定要撐過去。」所以我始終沒有放棄要完成這本書。

過去海內外出版的佛教植物書籍，都是以佛經中對植物的分類做為主架構，內容多半是該植物在佛學中的用途。加上植物幾乎沒有照片，植物的拉丁學名與分類也多有疏漏，對一般讀者來說，閱讀上較為困難。因此，該怎樣讓這本書跳脫過去佛教植物書籍的編排方式，吸引更多人來認識這些植物與佛教文化的關係，成為我寫作本書需要突破的最大關鍵。

本書一如我先前的著作，分成兩個部分，一部分介紹日常生活中可以接觸到跟佛教有關的歷史典故與人物，還有印度文化；一部分介紹我觀察這些植物的植物園與校園。書裡提到的每一種佛教植物，我都盡可能列出它在佛經中的出處，並附上彩色照片與植物學上的資訊。

佛教植物的來源，除了參考過去海內外的相關著作與期刊論文，我還整理了《翻譯名義集》、《佛學大辭典》、《佛光大辭典》。這三本書的成書日期不同，詞條也有差異。我盡可能蒐集所有跟植物有關的詞條，比對梵文辭典與佛經原文的說明，輔以植物地理學，考慮植物傳播歷史，盡可能查證。

此外，我也讀完玄奘的《大唐西域記》與法顯的《佛國記》，將兩人所記錄的植物全數列入。有些佛教植物自古以來就很明確，有些是國外有條列，但是華文佛經與佛教辭典一直沒有解釋；還有一些是不同國家或地區的佛教自己發展出來的植物，無法於佛經找到出處，我則盡可能將考證與推敲過程書寫下來。

至於植物的梵文部分，主要是參考英國語言學家莫尼爾·威廉姆斯[1]編著的梵

註釋

1 英文：Monier Monier-Williams

文字典，以及荷蘭研究印度阿育吠陀醫學史的專家——傑里特．揚．梅倫貝爾德[2]的著作。另外，印度生物多樣性資料庫[3]，以及阿育吠陀相關文獻與網站，都會介紹這些植物的梵文。我對於每一種植物的梵文名稱，皆交叉比對了四處以上不同來源。

對於不熟悉我的讀者來說，《悉達多的花園》是一本完全獨立的書籍，介紹佛教植物、日常生活中的佛教典故，以及南亞文化；熟悉我的讀者可能會發現，《悉達多的花園》跟《看不見的雨林》與《舌尖上的東協》之間有緊密的關係，畢竟佛教深深影響了東南亞與福爾摩沙的歷史文化。而這本書跟先前的作品一樣，都是我想留給世界一整個系列文字中的一部分。

從《看不見的雨林》到《舌尖上的東協》，再到《悉達多的花園》，透過書寫，我不斷反芻過去所知所學。在寫作中，每日每夜持續不斷的學習、思考，除了寫作題材與方向應運而生，我彷彿也重新認識了自己。

期許我的著作可以讓大家找到學習與閱讀的樂趣，更冀望《悉達多的花園》可以像個專業導遊，帶領大家從生活中那些容易被忽略的佛教典故出發，透過照片，藉由趣味的小故事，認識佛教植物的燦爛。

寫書過程中要感謝的朋友很多，感謝好友J劉建議了《悉達多的花園》這個書名；感謝好友小楊跟我聊了他所認知的佛經翻譯與佛學——鳩摩羅什那篇，是他給我的靈感；感謝亦師亦友的良哥，從植物園切入是他建議的方向；感謝好友吳老師分享了印度的旅遊經驗與照片，因為跟他的對話，才有了阿育吠陀和瑜伽那兩篇文；感謝王秋美博士、林志欽老師與阿草伯許榮輝提供珍貴的照片；感謝顏定滄先生與顏定儀先生借我土地與水電，安置我的植物；感謝好友偉成替我裝設了自動灑水系統，讓我可以安心寫作。感謝法鼓山方丈果暉法師推薦，感謝佛光山寺住持心保和尚推薦，感謝謝哲青老師推薦。感謝董景生博士跨刀替我寫序，提供一些參考文獻，並且在寫作時給我許多鼓勵與建議。

感謝我的經紀人蘇菲、家駒與外編子揚再次替我校稿。感謝 Bianco 再次設計這本書，以及雅云協助排版；感謝辛苦的編輯采芳，再一次替我完成了最困難的新書編輯工作，並以「佛系」為副標題。感謝總編貝羚在編輯過程提供許多寶貴建議。也要特別感謝淑貞社長再次給瑞閔機會，完成這本書。淑貞社長說，佛教植物是她二〇一三年後就一直想要出版的書。我由衷相信，能夠完成這本書，一切都是上天所安排最好的緣分。

註釋

2 英文：Gerrit Jan Meulenbeld

3 India Biodiversity Portal 網站（https://indiabiodiversity.org/）

contents

第二部

從《漢聲小百科》與《小牛頓》雜誌出發——植物園與佛教植物

本書所介紹佛教植物，有不少種類同時也是阿育吠陀的藥用植物，因此也有介紹其阿育吠陀的療效與應用，供研究參考。實際使用必須要在醫師指導下，與相關藥材調配使用。

請勿任意嘗試，以免危害身體。

第一部

從唐三藏西行取經說起

——佛教典故與熱帶植物

一

讀《西遊記》看《少年 PI 的奇幻漂流》

印度、佛教文化與熱帶植物

佛教與熱帶植物關係匪淺。
不但佛祖的出生、悟道、
涅槃跟熱帶雨林中的樹木有關，
佛教說法、傳道、法器、祭祀，
也都充滿了熱帶植物。

二〇一二年李安導演的《少年 PI 的奇幻漂流》播出後，獲得廣大迴響。PI 的父親原本在印度經營動物園，因為政治因素而決定舉家遷移到加拿大。但是很不幸的在海上遇到暴風雨，混亂中，PI 被水手丟到載著動物的救生艇上，跟著斑馬、鬣狗、紅毛猩猩及一隻孟加拉虎在海上漂流。

而後，鬣狗先後殺了斑馬和猩猩，然後被孟加拉虎殺掉。最後只剩下 PI 和老虎共存。PI 憑著對老虎的恐懼、自身的意志力與宗教信仰，支撐到最後，在墨西哥海岸被救起。

但是 PI 的經歷，來調查的海運公司人員並不相信，於是他又說了另一個版本的故事：廚師殺死了水手與自己的母親後，被 PI 殺死。這個版本中可以聯想並發現，斑馬代表水手，鬣狗是廚師，猩猩是 PI 的母親，而老虎象徵 PI 自己的獸性。

少年 PI 電影上映後有一段時間，我陸續看到一些文章，用這類探討象徵意涵的分析方式來解釋《西遊記》。

跟隨唐三藏西行的孫悟空、豬八戒、沙悟淨，其實各自代表了一個人的三不善根：貪、嗔、癡。貪吃、貪睡、貪美色的豬八戒當然就是貪；暴躁易怒，經常忍不住動手打妖怪的孫悟空是嗔；駑鈍的沙悟淨無疑是癡。唐三藏與徒弟之間的衝突，其實是自己內心的拉扯。

從兩個故事歸納，無論是少年PI還是唐三藏，人在面對大自然嚴峻的考驗，飢寒交迫之際，內心須異常的強大，才能克服生死，擁有超越一切的力量。

此外，這兩個故事還有個相似之處，就是宗教的力量。面對困境，「神」總是會出手搭救。如PI捕到大魚做為自己跟老虎的食物時，他認為這是印度教保護之神毗濕奴[4]化身成魚來救他；唐三藏在分辨真假悟空時，則有如來佛祖搭救。更巧的是，在印度教的傳說中，如來佛祖跟魚都是毗濕奴的十個化身之一。只是我們對於印度與印度教不甚熟悉，不太了解這些關聯。

由於是李安導演的作品，因此有不少人都看過《少年PI的奇幻漂流》，也從電影的場景中，窺見了一部分咖哩以外的印度。不過，電影主軸發生在海上，對於印度的描寫不多。

若要說做為認識印度的窗口，大家比較熟悉的電影應該是二〇〇九年的《三個傻瓜》與二〇〇八年的《貧民百萬富翁》。

在《三個傻瓜》中，除了明顯感受到穿插載歌載舞橋段的印度寶萊塢特色，更讓我們見識到印度頂尖大學教育的情況：原來填鴨式教育與追求出人頭地之類價值觀，竟與華人世界如此相似。《貧民百萬富翁》則讓我們看到印度最美麗的古蹟泰姬瑪哈陵以外的世界——一般遊客幾乎不會涉足的貧民窟達拉維。不僅讓人驚訝印度的貧富差距竟然如此巨大，也發現原來全世界歧視窮人的態度都類似。

不過，印度給一般人印象更深且影響全世界的，應該還是佛教吧！撇開宗教信仰，佛教的世界觀、佛祖的形像或是僧人，總不斷出現在武俠小說、布袋戲或民間故事中。除了以西行取經的唐三藏為主角的《西遊記》，最有名的或許是法海與《白蛇傳》。

印度從石器時代（約二十萬年前）就有人居住。現今知道最古老的印度文明，是西元前二三〇〇年至西元前一三〇〇年的哈拉帕文明，發源於印度河流域，位於今日巴基斯坦境內。後來莫名其妙消失了，取而代之的，是來自歐洲雅利安人所建立的吠陀文明，興盛於西元前一五〇〇年至西元前五〇〇年。

吠陀文明早期的信仰，是對自然力量的崇敬，所以主要祭祀對象是雷神因陀羅、火神阿耆尼等。到了吠陀文明晚期，種姓制度形成，創世神話也趨於完整。這時眾生崇拜的是梵天、毗濕奴、濕婆三大神，分別代表創造、保護、毀滅，婆羅門教取代了早期信仰。

---

4 梵文：विष्णु，轉寫為Visnu。毗濕奴有許多化身，如魚、龜等動物，有一說認為釋迦牟尼佛也是毗濕奴化身。在尼泊爾，甚至國王也被當做是毗濕奴的化身。佛教體系中的那羅延金剛亦是其中一個化身

• 塔努瑪萊恩寺[5]是祭祀三相神的印度教寺廟，位於印度最南方蘇欽德拉姆

攝影｜吳靜芸

緊接著進入列國時期，印度出現了十六個較大的國家與一些較小的國家。這時期各國之間相互爭戰，除了出現較大型的商業城市，使得經濟快速發展，還刺激了佛教、耆那教等七大思想教派崛起，批判吠陀學說。此一思想發展潮流稱為沙門思潮，而佛教以外的六大教派被稱為六師外道。當時社會狀況與時代，相當於中國的春秋戰國時期，是印度哲學思想百家爭鳴的階段。

西元前三二五年，月護王揭竿起義，趕走亞歷山大大帝留下的軍隊，並開創了孔雀王朝。傳位至阿育王時，建立了史上第一個統一整個印度次大陸的帝國。由於阿育王將佛教定為國教，並派人到處傳教，佛教開始傳至各地，成為重要宗教。

而後貴霜王朝興起，和中國漢朝、羅馬、安息並列當時歐亞四大帝國。佛教繼續發展，並出現各種教派，其中最興盛的當屬大乘佛教。到了笈多王朝，大乘佛教依然興盛，一般相信佛教中心那爛陀寺[6]即是於此階段修築興建。不過，笈多王朝對宗教採開放態度，印度教也於此時期逐漸興起，於是出現了同時信仰佛教與印度教的情況。

---

5 英文：Thanumalayan Temple

6 梵文：नालंदाविहार，轉寫為Nala da vihara

• 泰國鄭王廟中央尖塔上的神像就是雷神因陀羅

七世紀後，印度再度分裂成許多小國。八世紀印度教復興運動，融合各派學說與民間信仰，還吸收了佛教與耆那教部分學說，快速發展，影響至今。十一世紀後，伊斯蘭蘇丹國與蒙古先後入侵印度。到了大航海時代，葡萄牙、荷蘭、法國都曾經在印度建立殖民地。最後英國成為最大贏家，現今南亞的巴基斯坦、印度、斯里蘭卡、孟加拉，以及東南亞的緬甸等國家領土，全部都受大英帝國控制。二次世界大戰後，南亞諸國陸續獨立。

由於印度古代可靠的史料極度缺乏，中國西行求法僧人法顯與玄奘所留下的著作《佛國記》與《大唐西域記》，遂成為研究佛教與印度古代歷史的重要典籍。中國東晉時期，高僧法顯在四〇〇年[7]與幾位僧人相攜，從長安出發到天竺尋求戒律。四一二年[8]歸國後完成《佛國記》，記錄西行所見所聞，是佛教史和中外交通史的重要文獻。而當時印度屬於笈多王朝。

笈多王朝被消滅後，印度又分裂成許多小國。不過在六〇六至六四七年，北印度出現短暫統一的戒日王朝。這一階段，正巧玄奘法師西行至印度取經。玄

---

7 弘始二年
8 義熙八年

奘於六二九年[9]出發，六四五年[10]回到中土。他口述新疆至印度等地區，古代一百四十多個國家的風土民情，由門徒辯機抄寫編集而成《大唐西域記》，共十二卷，於六四六年[11]成書。書中具有大量印度史料，在《四庫全書》中被歸為史部地理外紀類，也是佛教重要的典籍。

《佛國記》與《大唐西域記》一略一詳，除了記錄當時印度的風土民情，也記載了兩位高僧到佛陀諸聖地所見到的熱帶植物。打開書閱讀，彷彿遊歷了古印度，見到了在雨林中修行的悉達多王子。

印度次大陸又稱為印度半島，位於喜馬拉雅山南方，西臨阿拉伯海，東至孟加拉灣，近年來多半稱為南亞。其中包含中央最大國家印度，西方的巴基斯坦、東邊的孟加拉，以及兩個內陸國尼泊爾、不丹；還有南方印度洋上島嶼國家斯里蘭卡與馬爾地夫。這些國家中，不丹主要宗教是藏傳佛教，斯里蘭卡是上座部佛教；印度與尼泊爾主要信仰印度教；巴基斯坦、孟加拉、馬爾地夫是伊斯蘭國家。

南亞除了高山地區，主要是熱帶季風氣候與熱帶雨林氣候。印度西高止山西南麓、東北方喜馬拉雅山南麓的阿薩姆及孟加拉一帶、斯里蘭卡西部，因為降雨量較高，發展出熱帶雨林；其他地區原本的植被類型，主要是熱帶季風雨林。

釋迦牟尼一生都生活在印度東北與尼泊爾一帶，當地自然環境擁有許多熱帶季風雨林。從許多佛經故事中可以發現，佛教與熱帶植物關係匪淺。不但佛祖的出生、悟道、涅槃跟熱帶雨林中的樹木有關，佛教說法、傳道、法器、祭祀，也都充滿了熱帶植物。

我們跟印度的接觸其實不少，印度約兩千人來台，主要從事高科技業，也有人賣起了印度烤餅及咖哩。甚至我們生活中不少蔬果、香料，都原產於印度半島，如胡椒、薑、黃瓜、茄子、芒果。但是印度、佛教對我們卻是既陌生又熟悉的存在。

9 貞觀三年
10 貞觀十九年
11 貞觀二十年

二

悉達多的花園

跟佛祖生平有關的植物

想認識佛教植物，
一定要認識佛祖的生平，
特別是跟佛祖出生、
悟道、傳道、涅槃有關的四聖樹。

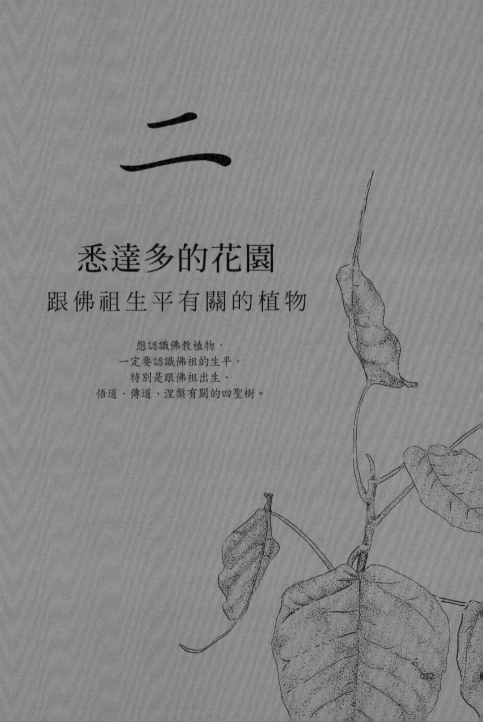

釋迦牟尼之於佛教，如同耶穌基督之於基督宗教，穆罕默德之於伊斯蘭教。他是大家公認的佛教創始人，也是華語小說、電視中常見的如來佛祖。認識佛教文化與佛教植物之前，不能不先認識他。

釋迦牟尼這個名字由梵文 शाक्यमुनि 音譯而來，英文轉寫成 Sakyamuni，意思是釋迦族的聖者。不過，他出家前的名字知道的人似乎就少了一點。

他出家前姓名是悉達多．喬達摩，梵文是 सिद्धार्थ गौतम，轉寫成 Siddhartha Gautama。悉達多的意思是實現目標或一切如願，我相信這是對他很深的祝福。出生於今日尼泊爾南部——不是印度喔！生卒年大約為西元前五六三年至西元前四八三年，是古印度著名的思想家。

佛陀的英文 Buddha 來自梵文 बुद्ध，意思其實是「覺悟者」，但現今多半專指釋迦牟尼。華人又尊稱他為釋迦牟尼佛、釋迦如來、釋迦佛、如來佛祖、如來佛、佛祖、釋尊、世尊等。

佛教經典總集《大正藏》記載：「毘藍名苑[12]。母摘華而降生。菩提覺場。佛觀樹而行道。居鹿園以說法。住鶴林而涅槃。既皆依於脩林。故宜編乎異木。」

12 網路上的大正藏文本是這樣寫，但正確名稱應該是藍毗尼

從這段話就可以知道，佛祖從出生、悟道、傳道、涅槃，皆跟樹木相關。因此，想認識佛教植物，一定要認識佛祖的生平，特別是跟佛祖出生、悟道、傳道、涅槃有關的四聖樹。

一般來說，要認識佛祖的生平，通常會到佛教八大聖地朝聖。特別是前面《大正藏》敘述中的四大追思處：佛祖的出生地藍毗尼[13]、悟道處菩提伽耶[14]、首次傳道處鹿野苑[15]、涅槃處拘尸那揭羅[16]。

另外還有第五處，佛祖長居二十多年的舍衛城[17]；第六處，傳說中釋迦牟尼自忉利天返回臨降處桑伽施——《大唐西域記》稱為劫比他國；還有第七處，佛祖修行處——古代佛教最高學府那爛陀寺附近的王舍城[18]；以及第八處，佛祖預言自己即將涅槃處毘舍離[19]。

這八個地點合稱佛教八大聖地，從古至今就是佛教徒重要的朝聖之處。古印度孔雀王朝的阿育王，中國古代的法顯與玄奘法師，都曾到訪。而近代佛教植物的研究與記錄，也必須從佛教聖地朝聖說起。

泰國臥佛寺金佛殿中莊嚴的佛像

13 梵文：लुम्बिनी，轉寫為lumbini。又譯嵐毘尼、臘伐尼、林微尼、倫比尼等，據說最接近的發音是龍比尼。位於今日尼泊爾境內德賴平原，近印度邊境

14 梵文：बुद्धगया，轉寫為Buddhagaya。意思是佛陀的城市。位於印度東北方巴特那城南方一百五十公里處

15 梵文：सरङ्गनाद，轉寫為saranga-natha，位於印度北方邦瓦拉納西以北約十公里處，古代稱伽尸國，即今日的瓦拉納西

16 梵文：कुशिनगर，轉寫為Kusinagara。是佛教四大聖地之一。位於今日印度東北，近尼泊爾邊境

17 梵文：श्रावस्ती，轉寫為Sravasti，古印度拘薩羅國都城。位在今印度北方邦北部謝拉瓦斯蒂縣

18 梵文：राजगृह，轉寫為Rajagrha，印度古城，位於今日比哈爾邦那蘭達縣，為佛祖修行處

19 梵文：वैशाली，轉寫為Vaisali，又譯為毗舍離，或義譯稱廣嚴城，古代跋耆國首都，位於今日印度比哈爾邦首府巴特那北邊

十九世紀末至二十世紀初，佛學研究在西方與日本蔚為風潮。除了研究佛教古籍成書年代，佛教植物也成為植物學家研究的對象，參觀佛教聖地更是當時博物學家嚮往的行程。這或許也跟十九世紀許多大型的佛教古蹟、遺址再發現，以及工業革命後西方科學如火如荼發展脫不了關係。

一八五九年，位於印尼爪哇島上、世上最大的佛寺婆羅浮屠，終於被荷蘭[20]全部發掘完成；一八六一年，印度那爛陀寺院遺跡被挖掘出土；同年，湮沒在柬埔寨叢林中的吳哥窟，被法國[21]博物學家亨利．穆奧[22]再次發現。

這些佛教古蹟重現天日轟動了世界！而當時全球考古學、人類學、宗教學，乃至於博物學、動物學、植物學……許多的學門，在西方科學的研究方法基礎上正快速發展。

閉著眼睛想像一下那樣的時空背景——佛教研究興盛、植物大發現的黃金時代，曾經有個人從福爾摩沙出發到印度次大陸考察，他就是當時台灣總督府博物館[23]首任館長暨博物學家川上瀧彌。

一九一一年，川上瀧彌前往南洋諸島與東印度出差，返台後完成著作《椰子の葉蔭》。從書中的紀錄可知，這趟為期十一個月的旅程中，川上瀧彌也曾踩踏在佛祖及玄奘走過的路上。

川上瀧彌雖然是基督徒，但是在當時全球的氛圍下，他絕對不會錯過記錄佛教植物，特別是跟佛祖生平有關的三聖樹。不過，從他的記載可知，即使是一百多年前的印度，跟佛祖一生密切相關的佛教三聖樹也已今非昔比，就如同這些植物目前在各地佛寺的情況。菩提樹與無憂樹雖然被廣泛種植，娑羅樹卻不再像古代那樣處處成林，反而十分罕見，甚至很多人不識娑羅樹。

川上瀧彌的著作《椰子の葉蔭》雖是博物學家的南洋遊記，卻是目前發現日治時期用現代植物學知識描述佛教植物的少數書籍。雖然不是佛教植物專書，卻讓我們得以窺見百年前佛教植物研究的樣貌，也開啟往後佛教植物引進的續章。

20 當時印尼是荷蘭殖民地
21 一八六三年，柬埔寨才成為法國殖民地
22 法語：Henri Mouhot
23 現國立台灣博物館

玄奘法師的畢缽羅

菩提樹與吉祥草

《大唐西域記》第八卷：「金剛座上菩提樹者，即畢缽羅之樹也。昔佛在世，高數百尺。屢經殘伐，猶高四五丈。佛坐其下成等正覺，因而謂之菩提樹焉。莖幹黃白，枝葉青翠。冬夏不凋，光鮮無變。每至如來涅槃之日，葉皆凋落，頃之復故……菩提樹垣內四隅皆有大窣堵波。在昔如來受吉祥草已趣菩提樹。先歷四隅大地震動。至金剛座方得安靜。」

禪宗六祖慧能的故事中，原本呼聲最高的神秀作偈：「身是菩提樹，心如明鏡台，時時勤拂拭，勿使惹塵埃。」在寺內廣為流傳。哪知殺出程咬金慧能又作一偈：「菩提本無樹，明鏡亦非台，本來無一物，何處惹塵埃？」這一偈讓慧能獲得五祖青睞，並在三更半夜傳位於他，叫他帶信物趕快跑。

這是一則很有名的佛教故事，即便不是佛教徒應該都有聽過。不過，一個說菩提是樹，一個又說不是樹，究竟「菩提」是什麼？什麼又是菩提樹？

佛教所謂的「菩提」，音譯自梵文 बोधि，轉寫為 bodhi，通俗一點的說法就是「悟道」。悟道者稱為佛陀。釋迦摩尼佛悟道成佛的地方——佛教四大聖地之一——菩提伽耶，意思是佛陀的城市。

傳說中，佛祖悟道時正好坐在畢缽羅樹下，於是畢缽羅樹後來因此改稱為菩提樹。梵文是 बोधिवृक्ष，轉寫為 Bodhivriksha，全世界幾乎所有佛寺都會栽植。

法顯法師將梵文對菩提樹的原始稱呼 पिप्पल，轉寫為 Pippala，音譯做倍多樹，玄奘法師翻譯做畢鉢羅，唐代僧人道世於六五九年開始編撰的《法苑珠林》則翻譯成阿沛多羅。其他佛經也有將梵文中另一個對菩提樹的稱呼 अश्वत्थ，轉寫為 azvattha，翻譯做阿說他、阿輸陀、阿濕婆他、阿舍婆陀。也有佛經稱之為元吉樹、寂場樹、活兒子。

「菩提樹」這個名稱最早應該是出現在《大唐西域記》。玄奘法師除了記載植物，也描寫了植物的物候[24]：「冬夏不凋，光鮮無變。每至如來涅槃之日，葉皆

24 物候學(phenology)是一門研究生物現象與氣候間相互關係的學問

凋落，頃之復故。」意思是菩提樹的葉子冬天不會掉落，但是每當到了佛祖涅槃之日，就會瞬間掉光，並馬上長出新葉。

尼泊爾地區的乾季是每年十月至次年三月，四月開始進入雨季。菩提樹在雨季來臨前將樹葉落光，然後在雨季一開始瞬間長出新葉，這是熱帶植物常見的「換葉現象」，植物學家也稱之為「瞬時落葉」。在一千三百多年前，玄奘法師便詳細記錄這個現象，堪稱是中國史上最早的佛經植物記錄人。

菩提樹也是阿育吠陀植物，樹皮、葉子、嫩芽、果實、乳汁可供藥用，據查可緩解多種疾病，如胃病、性病，生殖系統疾病。於一九〇一年由田代安定引進，目前全島校園、公園、寺廟、行道樹普遍栽植，並且已歸化各地。

較大較著名的菩提樹，如台南公園中的老樹。該園於一九一七年開園，占地約十五甲，身兼熱帶實驗林。二戰後一度改名中山公園，二〇一八年登錄為文化景觀。

台南公園內有一株巨大的菩提樹，是日治時期栽培，樹齡逾百歲。是我見過最大的菩提樹。

●台南公園內有一株巨大的菩提樹，是日治時期栽培，樹齡逾百歲，是我見過最大的菩提樹

除了大家熟悉的菩提樹，與佛祖悟道相關的植物還有吉祥草。佛祖悟道於菩提樹下時，所坐的金剛座上便鋪著吉祥草。此外，梵文中，稱用於宗教儀式上神聖的草為 कुश，轉寫為 kuza，所以英文又稱吉祥草為 kusa grass，佛經中則音譯姑尸草、姑奢、俱舒、矩尸等。

古代佛經中所謂的吉祥草，應該是現今植物學家所稱「羽穗草」，學名 *Desmostachya bipinnata*，為禾本科植物。由於葉片堅硬、銳利，鋪於修行時的座位，可以幫助修行者專注。它同時也是阿育吠陀所使用的植物，根可供藥用，用以提高女性泌乳量。

而今一般所謂的吉祥草，學名 *Reineckea carnea*，是百合科的植物。這兩種植物完全不同，百合科的吉祥草自然分布於日本及中國華南，不太可能是佛教傳說中的吉祥草；卻因為中文俗名而造成誤會。

羽穗草自古跟印度文化有密切關係。印度傳說神曲《梨俱吠陀》[25]便稱羽穗草為神聖植物。而在印度教經典《薄伽梵歌》[26]中，毗濕奴的化身黑天提到，羽穗草可以用來鋪在座位上。也因此，印度教在農曆九月十五日會採羽穗草，進行祭祀黑天的儀式。

---

25 梵文：ऋग्वेद，轉寫為 rgveda

26 梵文：भगवद् गीता，轉寫為Bhagavad Gita

• 佛經中的吉祥草是與狼尾草形態相似的禾草類植物，主要是花序形態有所差異。照片中植物是羽絨狼尾草（*Pennisetum setaceum*）

攝影｜王秋美

• 日本所稱的吉祥草，是百合科植物，葉子比佛經中真正的吉祥草來得短

圖鑑

菩提樹

傳說中，佛祖悟道時正好坐在畢缽羅樹下，
全世界幾乎所有佛寺都會栽植

學名

Ficus religiosa L.

科名

桑科 (Moraceae)

原產地

巴基斯坦、印度、斯里蘭卡、孟加拉、尼泊爾、中南半島

生育地

熱帶雨林、季風林

海拔高

0-1500m

形態

大喬木，高可達35公尺，樹幹光滑，基部具板根。單葉，互生，全緣，倒三角形，尾狀尖明顯。嫩葉泛紅。隱頭花序腋生。

菩提樹葉三角形，新葉泛紅

菩提樹可說是佛寺最常栽培的植物

圖鑑

吉祥草

佛祖悟道於菩提樹下時，
所坐的金剛座上便鋪著吉祥草

學名	科名
Desmostachya bipinnata (L.) Stapf / *Poa cynosuroides* Retz. / *Briza bipinnata* L.	禾本科 (Poaceae)

原產地

東非、北非、西亞、中亞、巴基斯坦、印度、尼泊爾、中國海南

生育地	海拔高
疏林或田邊	200m 以下

形態

羽穗草為單種屬，多年生草本，桿堅硬而直立，高約 80 公分。葉片細長，叢生基部。花序細長。穎果。

照片中的植物是羽絨狼尾草，形態近似吉祥草

盛者必衰，娑羅有雙

娑羅樹

《佛國記》第八卷：「復東行十二由延到拘夷那竭城。城北雙樹間希連禪河邊。世尊於此北首而般泥洹。及須跋最後得道處。」

《大唐西域記》第八卷：「城西北三四里渡阿恃多伐底河。西岸不遠至娑羅林。其樹類槲而皮青白。葉甚光潤，四樹特高。如來寂滅之所也。」

《翻譯名義集》林木篇第三十一：「娑羅。此云堅固。北遠云。冬夏不改故名堅固。西域記云。其樹類斛。而皮青白。葉甚光潤。四樹特高。華嚴音義。翻為高遠。其林森聳。出於餘林也。後分云。娑羅林間。縱廣十二由旬。天人大眾。皆悉遍滿。尖頭針峯。受無邊眾。間無空缺。不相障蔽。大經云。東方雙者喻常無常。南方雙者。喻樂無樂。西方雙者。喻我無我。北方雙者。喻淨不淨。四方各雙。故名雙樹。方面皆悉一枯一榮。後分云。東方一雙。在於佛後。西方一雙。在於佛前。南方一雙。在於佛足。北方一雙。在於佛首。入涅槃已。東西二雙合為一樹。南北二雙亦合為一。二合皆悉垂覆如來。其樹慘然，皆悉變白。」

臥佛，其實就是佛祖即將涅槃時的姿勢：頭向北，腳向南，面向西方朝右側躺，左腳置於右腳之上。

佛教聖地拘尸那揭羅位於印度卡西亞村，字面上的意思是「茅城」，是古印度十六大國之一末羅國的都城。

相傳佛祖八十歲時，預告自己將死亡，於是帶著弟子們浩浩蕩蕩往西北方前進。來到拘尸那揭羅的河岸邊之時，佛祖覺得時間到了，便選擇在此涅槃。於是命弟子阿難在兩株娑羅樹中間鋪好臥具，所有弟子圍在佛祖身邊，聆聽最後的教誨。

佛祖涅槃[27]日，北傳佛教一般認為是農曆二月十五日，西曆應該是三月二十三日。也有宗派認為是二月八日或四月八日。南傳佛教則認為佛祖出生、悟道、涅槃皆在五月的月圓日，因此將五月第一個月圓日定為衛賽節，紀念佛祖。斯里蘭卡、緬甸、泰國、柬埔寨、馬來西亞、新加坡等國皆將衛賽節定為國定假日。

從玄奘法師的文字記載得知，娑羅樹葉片光滑，而且是特別高大的樹種。梵文शाल 或 साल，轉寫為 zala 或 sala，也翻譯做沙羅。原本四個方向皆是兩株，所以稱為雙樹。現在都習慣稱為娑羅雙樹或沙羅雙樹。

---

27 梵文：निर्वाण，轉寫為Nirvana，佛教用語，意思是進入不生不死，不再有輪迴的境界

● 佛祖涅槃於娑羅樹下

不只是因為釋迦佛祖涅槃於娑羅樹下，使之成為聖樹，娑羅樹本身在印度就是重要且神聖的植物，許多傳說都與娑羅樹有關。例如過去七佛中的第三佛毗舍浮佛悟道於娑羅樹下；而娑羅樹花開十分茂盛，花期卻十分短暫，所以佛教以此象徵「盛者必衰」，或是無常與榮耀都很短暫的道理。

佛教以外，印度教的三相神毗濕奴也特別喜愛娑羅樹。而被佛教稱為六師外道的耆那教創始人筏馱摩那[28]，據說是在娑羅樹下悟道，成為超越生死輪迴，達到心靈自由的宗教聖者——蒂爾丹嘉拉[29]。筏馱摩那與釋迦牟尼生活於差不多的時代，生平也類似，是古印度重要思想家。

另外，孟加拉地區泛靈信仰的女神莎娜·伯希[30]即是娑羅樹林女神，人們將娑羅樹林視為聖地，而且相信女神與娑羅樹會懲罰傷害植物的人。

雖然娑羅樹是聖樹，但是因為木材材質佳良，富含龍腦香脂，可以抗腐朽，又可採龍腦香[31]，在南亞常被砍伐用來做寺廟建築，因而愈來愈稀有。在阿育吠陀中，娑羅樹樹皮、樹脂、種子油可供藥用，據查可緩解疼痛、燒傷。

一八八一年，原產於中南美洲熱帶雨林的砲彈樹被英國引進斯里蘭卡等佛教國家。或許是因為樹形高大、樹幹筆直，與娑羅樹類似，被誤以為是娑羅樹而廣泛栽培於佛教寺廟附近——包含斯里蘭卡、泰國等上座部佛教，皆有此一情況。國內部分佛寺、精舍也常誤會。

不過，根據佛經上的記載，葉片光滑與花期短暫這兩點，砲彈樹皆不具備，也可以從此判斷它絕對不會是佛經所記載的聖樹。另外，日本佛教則將日本原產的山茶科植物紅山紫莖[32]稱為娑羅樹，這也是很常見且明顯的誤會。

紀錄中，應該不曾引進真正的娑羅樹。許多佛寺栽培所謂的娑羅樹，多半都是砲彈樹。目前僅知彰化歡喜園，以及其入口處的寺廟東山學院，將與娑羅樹同屬的登吉紅柳桉[33]視為佛教三聖樹。雖不中，亦不遠矣。

---

28 梵文：वर्धमान，轉寫為Vardhamana，意思是光榮者。約生於西元前五九九年至西元前五二七年。耆那教相信，他是第二十四位，也是最後一位蒂爾丹嘉拉

29 耆那教術語，據說一共有二十四位

30 英文：*Sarna Burhi*

31 龍腦香也是佛教植物，將於本書第十一章介紹。更多關於龍腦香科植物生態與文化的介紹，可參考《看不見的雨林——福爾摩沙雨林植物誌》，書中第十一章〈佛教三聖樹與莫蘭蒂颱風——雨林的突出樹龍腦香〉有詳細介紹

32 拉丁學名：*Stewartia pseudocamellia*

33 拉丁學名：*Shorea polysperma*

圖鑑

娑羅樹

佛祖涅槃於娑羅樹下，使之成為聖樹
花開茂盛，花期短暫，佛教以此象徵「盛者必衰」

學名	科名
Shorea robusta Roth	龍腦香科 (Dipterocarpaceae)

原產地

印度（東高止、阿薩姆）、尼泊爾、孟加拉、緬甸

生育地	海拔高
熱帶雨林	100-1500m

形態

大喬木，高可達 50 公尺，樹幹通直。單葉，互生，全緣。嫩葉泛紅。花細小，裂片數五，頂生或腋生圓錐花序。果實有三大兩小的翅膀。

娑羅樹是柳桉屬植物，開花結果茂盛。照片中為羅氏柳桉（*Shorea roxburghii*）

娑羅樹是龍腦香科植物，樹幹筆直。照片中植物為龍腦香（*Dipterocarpus turbinatus*）

圖鑑

砲彈樹

現今許多佛寺栽培所謂的娑羅樹，
多半都是原產於美洲的砲彈樹

學名	科名
Couroupita guianensis Aubl.	玉蕊科 (Lecythidaceae)

原產地

哥斯大黎加、巴拿馬、哥倫比亞、委內瑞拉、蓋亞那、蘇利南、法屬圭亞那、巴西、厄瓜多、祕魯、玻利維亞

生育地	海拔高
熱帶雨林	0-500m

形態

大喬木，高可達 35 公尺，基部具板根。單葉，全緣或細鋸齒緣，互生或螺旋排列於枝條先端。花內側紅色，外側淡黃色，雄蕊合生成盤狀，具有香味，總狀花序幹生，下垂。果實球形，巨大。外果皮褐色，中果皮十分堅硬，內有果肉數瓣，含種子數十至四五百粒。

砲彈樹的花與果實直接長在樹幹上

砲彈樹的花十分奇特，被東南亞佛教誤以為是娑羅樹

沒有悲傷的畢利叉

無憂樹

《翻譯名義集》林木篇第三十一：「畢利叉。亦名畢落叉。此云高顯。佛於下降誕則為高勝名顯天人。故曰高顯。本行經云。是時摩耶夫人。立地以手執波羅叉樹枝。即生菩薩。」

「阿輸迦。或名阿輸柯。大論翻無憂華樹。因果經云。二月八日夫人往毘藍尼園[34]。見無憂華。舉右手摘。從右脇出。後漢法本內傳云。明帝問摩騰法師曰。佛生日月可知否。騰曰昭王二十四年。甲寅之歲。四月八日。於毘嵐園內波羅樹下。右脇而誕。故普耀王。普放大光。照三千界。」

篤信佛教的泰國，於首都曼谷有一座植物園稱為藍毗尼公園，又稱為「是樂園」，面積約五十七公頃。它是泰國國王拉瑪六世的御花園，栽種了許多跟佛教有關的植物，而其名稱正是紀念佛祖出生之地藍毗尼。

34 網路上的大正藏文本是這樣寫，但正確應該是藍毗尼

佛教傳說中，佛祖的母親摩耶夫人和淨飯王婚後遲遲未生育，直到西元前五六三年，在藍毗尼手持畢利叉的樹枝，於阿輸迦樹下生下釋迦摩尼佛。

也有一個說法，摩耶夫人用右手摘阿輸迦花，所以悉達多太子是從媽媽的右手腋下生出來的，「傳奇」感十足。這個說法常被認為跟印度的種姓制度相關。

印度教聖典《梨俱吠陀》最後一卷記載，印度有婆羅門、剎帝利、吠舍、首陀羅四個種姓，分別來自宇宙開端原人的嘴、雙臂、雙腿、腳掌。悉達多屬於統治階級剎帝利，傳說中是從「手臂」而來。

• 泰國曼谷藍毗尼公園

悉達多出生後竟然立刻能行走能說話。他向四方各走了七步，環顧四周，說出常被大家認為是狂言的「天上天下，唯我獨尊」。

太子出生七天之後，佛教護法天龍八部都來祝賀。但是很不幸的，摩耶夫人卻過世了，後來由奶媽將太子帶大。

由於是佛祖的出生地，藍毗尼成為佛教四大聖地，位於今日尼泊爾境內德賴平原魯潘德希縣村落附近，靠近印度的邊境，距離尼泊爾首都加德滿都約有二百八十公里。

佛祖出生時，他母親所握的畢利叉又翻譯做畢落叉、波羅叉，梵文是 वृक्ष，轉寫為 vrksa，意思其實就是樹。阿輸迦現在稱為無憂樹，梵文是 अशोका，轉寫為 azoka，本意為不會感覺到悲傷，後來又直接翻譯成無憂。除了是佛祖誕生的聖樹，也是阿育吠陀傳統用藥，使用部位為樹皮、花、種子，用於女性疾病與心臟疾病。

最早於一九〇三年引進，各地偶見栽培，台北植物園中便有一棵老樹。每年春光明媚的時候，會開滿橙黃色花於樹幹[35]上。

---

35 更多關於熱帶雨林植物樹幹開花的生態介紹，可參考《看不見的雨林——福爾摩沙雨林植物誌》，書中第十五章〈從歌德到浩克——雨林中奇形怪狀的葉子與幹生花〉有詳細介紹

• 佛祖出生於無憂樹下

印度孔雀王朝第三位君王阿輸迦．孔雀[36]——即大家熟悉的阿育王，他是印度史上很重要的君王，在位期間幾乎統一了印度全境。他因為早期征服附近諸國時，屠殺太多人，後來深感悔悟，因而篤信佛教，推行佛法，並派宣教團至鄰近國家傳教，使佛教得以興盛，成為世界性的宗教。

而阿育王的名字阿輸迦，意思就是無憂，是故，又被稱為無憂王，以至於俗稱阿育王樹的長葉暗羅[37]，偶爾也會被誤會成無憂樹。

此外，西雙版納傣族常將當地原生的中國無憂樹[38]當作無憂樹栽培，似乎也影響了本島部分地區的佛寺。由於中國無憂樹與無憂樹同屬不同種，形態十分類似，一般民眾難以區別。中國無憂樹像是大一號的無憂樹，除了樹勢較筆直高大，葉片、花、豆莢也都比無憂樹大。

---

36 梵文：अशोक मौर्य，轉寫為Asoka Maurya

37 拉丁學名：*Polyalthia longifolia*

38 拉丁學名：*Saraca dives*

• 無憂樹較為矮小，通常不會筆直生長

• 阿育王樹長葉暗羅，偶爾也會被誤會成無憂樹

• 中國無憂樹的樹勢筆直高大，與無憂樹不同

圖鑑

無憂樹

佛祖誕生的聖樹阿輸迦，
意思就是無憂

學名

Saraca asoca (Roxb.) Wilde / *Saraca indica* L.

科名

豆科 (Leguminosae)

原產地

印度西部、斯里蘭卡

生育地

熱帶雨林

海拔高

低海拔

形態

喬木。一回羽狀複葉，小葉全緣，嫩葉紅色。花橘紅色，幹生，繖房花序。莢果成熟會捲曲開裂，種子扁平而巨大。

無憂樹的莢果成熟會捲曲開裂

無憂樹的花十分美麗

無憂樹的幹生花，是熱帶雨林植物的特徵

孔子、佛祖與古今命運大不同的七葉樹

黑板樹

《大智度論》卷三：「法身於生身勝故，二城中多住王舍城。復次，以坐禪精舍多故，餘處無有。如竹園、鞞婆羅跋恕、薩多般那求呵、因陀世羅求阿、薩簸恕魂直迦鉢婆羅。王舍城有五精舍，竹園在平地；餘國無此多精舍。」

《長阿含經》卷八：「佛在羅閱祇毗訶羅山七葉樹窟。」

《雜阿含經》卷三十九：「佛住王舍城毘婆羅山七葉樹林石室中。」

釋迦摩尼佛跟孔子有個相同之處：他們四處傳道皆以口傳為主，在世時並沒有留下任何文字與經書。記錄孔子言論的《論語》，是孔子弟子與再傳弟子所做；而佛教現在的經書，依據佛經上的記載，是經過幾次佛教集結後，由佛教僧侶共同完成。特別是第一次集結，佛教最初的三藏，即經、律、論三種類別的佛典，相傳是佛祖弟子們共同誦唸、審定、編寫而成。

• 佛祖傳道於七葉樹窟

釋迦摩尼佛修行及說法的王舍城，據說有五處精舍，其中一處音譯為薩多般那求呵。薩多般那是指七葉樹，求呵意思就是洞穴或石窟，因此不少佛經直接翻譯做七葉窟、七葉巖、七葉園等。相傳該洞窟外有巨大的七葉樹，故以此為名。此處除了是佛祖在世時的精舍，也是佛祖涅槃後重要的集結處。

佛祖涅槃後，他的弟子大迦葉尊者與阿難尊者率領僧團，到王舍城的七葉窟興建講堂，是佛教第一次集結，也是佛教經律的起源。這次集結又稱王舍城集結或七葉窟集結，雖然沒有佛教以外的文獻可以佐證，但是在佛教各部派的經典都有記載。

第二次集結位於佛祖預言自己即將涅槃之處毘舍離，時間在佛滅百年之後。此次集結，注定了部派佛教與大乘佛教的分離。

第三次集結則是阿育王時期，奠定了佛教經典向印度全境，以及印度以外國家傳播的基礎。

不同宗派的佛經上，也許細節的紀錄有所不同，但不可否認的是，三次集結，在佛教歷史上皆有重大意義。

前面說到，第一次集結又稱七葉窟集結，最讓我好奇。佛經上所謂的七葉樹，音譯為薩多般那、薩多般羅那或薩多邠那，與佛教三聖樹合稱為四寶樹。聽起來地位如此崇高的樹，究竟是什麼？

後來的文獻，有時會把七葉樹與娑羅樹搞混。如北宋歐陽修雖排斥佛教，但是曾作詩〈定力院七葉木〉：「伊洛多佳木，娑羅舊得名。常於佛家見，宜在月宮生。」南宋詩人陸游在《老學庵續筆記》中提到：「佛殿庭下有七葉樹，一名莎羅樹，亦他處所無。」兩人都把七葉樹和娑羅樹搞混。

到了近代，因為中文俗名相同，加上七片小葉子這個特徵，剛好與無患子科的七葉樹[39]一樣，於是無患子科的七葉樹便被誤以為是佛經中的七葉樹。可是這些說法都不正確。

其實，現在我們熟悉的黑板樹，才是佛經中的七葉樹。除了掌狀複葉的形態可以印證，原產地相符合，其梵文是 सप्तपर्ण，轉寫為 saptaparna，剛好可以音譯為薩多般那、薩多般羅那或薩多邠那。

只是黑板樹是熱帶植物，古代中國應該很少見，甚至未曾引進，因此一直被誤會，以至於不知道有這種植物。

---

39 拉丁學名：*Aesculus chinensis*

黑板樹古今命運大不同。在佛教傳說中的四寶樹，佛教八大聖地七葉巖外的大樹，引進之後卻變成惡名昭彰的植物。一切的好壞，都是人類主觀意識造成的結果，並非黑板樹自己選擇。黑板樹的花與果實，都是適應大自然所演化而來，不是為了替人類服務。叫它黑板樹也好，七葉樹也罷，喊打喊殺，何其無辜！

黑板樹樹形優美，生長快速，對環境適應力強。早期引進的時候也曾經被吹捧成造園的最佳選擇，一度成為全島常見的行道樹，甚至被選做台中市的市樹。而今，為了汰換這些老樹，黑板樹又被指控、抹黑，說它會破壞路面、脆弱易折、花有臭味……生命被這般玩弄，假如佛祖仍在世，是否會為它難過？

黑板樹乳汁豐富，也有糖膠樹之稱。果實細長似四季豆莢，中國稱之為麵條樹。曾有一段時間，人們大量使用黑板樹木材來製作黑板，故名；在印度，它是阿育吠陀植物，自古將其樹皮、根、花、乳汁做為藥用，治療心臟及皮膚方面的疾病；據說斯里蘭卡會用它的木材做棺木；在其他東南亞國家，黑板樹似乎也還有其他作用。由此可知黑板樹是多用途樹種。

黑板樹的花雖然小，不引人注目，但是花的氣味十分濃郁，有人覺得香，有人覺得刺鼻。仔細觀察，它在春天與秋天，各開一次花，滿樹綠白色的花朵，也十分美麗。

• 黑板樹主幹筆直，樹勢優美

圖鑑

黑板樹

佛經上的七葉樹，
與佛教三聖樹合稱為四寶樹

學名	科名
Alstonia scholaris (L.) R. Brown	夾竹桃科 (Apocynaceae)

原產地

印度、斯里蘭卡、尼泊爾、中國雲南及廣西、緬甸、泰國、柬埔寨、越南、馬來西亞、印尼、澳洲北部、菲律賓

生育地	海拔高
低地至低丘雨林	0-1200m

形態

大喬木，高可達 60 公尺。主幹筆直、側枝輪生。單葉，輪生，全緣。花綠白色，細小，於春、秋兩季開花。蓇果對生，果實成熟後，具毛狀物種子便隨風四處飄散。

黑板樹的果實細長

黑板樹的花細小而密集

黑板樹主幹基部略有板根現象

三

《航海王》與霹靂布袋戲裡的佛教世界觀

佛教傳說世界的植物

出刀之前索隆嘴裡念念有詞：
「九山八海一世界，集千為小千世界……」
熟悉佛教典故的人對三千世界與九山八海一定不陌生，
這是《起世經》所描述的世界——佛教的世界觀。

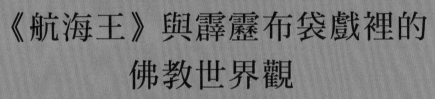

記得我在一次跟台中一中美術班的分享中，舉了日本知名連載漫畫《航海王》[40]作者尾田榮一郎的例子來鼓勵學弟妹：「想在一個領域出類拔萃，得先不受領域侷限。」

如果只是不斷精進自己的繪畫技巧，充其量只能成為一名漫畫助理。尾田的偉大之處，不在於他的畫工，也不只是他說故事的能力，而是他在這部史詩級漫畫中，藏了非常多的典故，並且藉由草帽海賊團不斷冒險，傳遞許多價值。

舉例來說，草帽海賊團中的重要角色羅羅亞．索隆，他總是帶著三把刀，招式名稱如「一刀流．三十六煩惱鳳」、「百八煩惱鳳」[41]、「鬼氣！九刀流 阿修羅」，都來自佛教的典故。而索隆最強招式是「三刀流奧義．三千世界——九山八海無斬不斷之物」，這是他在多雷斯羅薩打敗多佛朗明哥家族最高幹部皮卡的招式。

出刀之前索隆嘴裡念念有詞：「九山八海一世界，集千為小千世界，三乘相結，無斬不斷之物，三刀流奧義，一大三千，大千世界。」熟悉佛教典故的人對三千

40 原著名稱：ONE PIECE，日文：ワンピース，中文翻譯為海賊王或航海王

41 佛教認為人有三十六種煩惱。解釋方式有很多種，一般說法是人有眼、耳、鼻、舌、身、意六根，好、惡、平三相，再加上靜、染兩種狀態，一共會有六乘以三再乘以二，即三十六種煩惱。一世三十六種，前世、今生、來世三世，共一百零八種

世界與九山八海一定不陌生，這是《起世經》所描述的世界——佛教的世界觀。

佛教認為世界中心有一座須彌山，以須彌山為圓心，往外有八個同心圓。同心圓邊緣是山，中間是海。人所居住的四大部洲，位於最外圍的第八海上。此八山八海加上中間的須彌山，就是所謂的九山八海，這樣組合成一個小世界，就是索隆口中「九山八海一世界」的意思。

而索隆所謂：「集千為小千世界，三乘相結，一大三千，大千世界。」這段話的意思是：一千個小世界稱為小千世界，一千個小千世界是中千世界，一千個中千世界即大千世界。所以三千世界是包含了小千、中千、大千三個世界，實際上是一千的三次方，而不是簡單的三千。

除了世界的樣貌，佛教還將世界分為三界：欲界、色界、無色界。欲界又可以細分為地獄、人間與欲界六層天，而色界有四禪天，無色界有四空天。

須彌山底下是地獄。四大部洲是人所居住。須彌山腰開始往上就是三界的天。山腰是欲界第一天，稱為四天王天，住著佛教的四天王。山頂是欲界第二天，稱為忉利天，由帝釋天管理。傳說中佛祖曾上升至忉利天，為他的母親摩耶夫人說法。其他更高層的天，漂浮在須彌山上。

• 九山八海與四大部洲。四大部洲上各有一種代表植物：
北菴婆羅、東迦曇婆、西鎮頭迦、南閻浮，全部都是真實存在的樹木

不過，須彌山的概念不是佛教獨有，在印度教與耆那教的傳說，世界的中心都是須彌山，只是三個宗教對須彌山以外的世界，細節有所不同。隨著佛教東傳，須彌山的概念也影響了東亞的建築。東亞傳統建築與雕像、石碑下方的須彌座，上下寬、中間窄，概念就是源自佛教與印度教傳說中的須彌山，有穩固的意思。

東亞傳統建築與雕像下方的須彌座，上下寬、中間窄，概念就是源自須彌山

佛教是日本相當重要的宗教。在尾田榮一郎的筆下，《航海王》中除了索隆的招式，還有非常多地方都可以看到使用佛教的典故。

例如象徵正義的海軍最高統帥戰國，他的果實能力是「人人果實——大佛形態」，可以化身成一尊黃金大佛，又有「佛之戰國」的稱號，是一個重視仁義，保護人民的領導人。

佛教中可以在天空飛的鬼「天夜叉」，則變成反派角色唐吉訶德．多佛朗明哥的綽號，而他的能力就是可以在天空飛。此外，多佛朗明哥提到果實能力的最高境界「覺醒」，無疑也是引用了佛教修行所追求的境界。

空島篇中的「神」艾涅爾，是「轟雷果實」能力者，這典故應該是來自須彌山的主宰帝釋天，因為其原型就是印度教的雷神因陀羅。而艾涅爾的手下名字「大悟」、「修羅」、「涅槃」，全部都是佛教用語。

恐怖三桅帆船篇當中，香吉士為了救魯夫，跟七武海的巴索羅繆．大熊說：「要殺要剮隨便你，我已經做好捨生取義的準備，就讓我在這裡『立地成佛』！」甚至紅髮傑克斷臂救魯夫的橋段，也有人說這是借用佛祖割肉餵鷹的典故。

除了六、七、八年級熟悉的《航海王》，四、五、六年級生熟悉的霹靂布袋戲，也用了很多佛教的典故。

霹靂布袋戲中著名的一頁書與佛劍分說，是融合了佛祖形象而創造的經典角色。而武僧或使用佛教用語的角色名稱，在霹靂布袋戲的劇集中不斷出現，不計其數。例如借用三惡道[42]的別稱三途，創造了經典壞蛋三途判——鬼王棺、業途靈、腹中首。

霹靂布袋戲的世界分成四境，名稱就是來自佛教的四聖諦：苦、集、滅、道。當中苦境又細分為天、人、冥三界，其實對應的就是佛教欲界中的六層天、人間與地獄。天界的樣子幾乎可以說完全移植了佛教的世界觀，佛教傳說故事中，干擾釋迦牟尼悟道的欲界第六天之主波旬，甚至直接成為霹靂布袋戲中無敵大魔王。

再說回佛教世界，所謂的四大部洲，是以東、西、南、北四個方位區分。在《西遊記》開頭也有提到：「世界之間，遂分為四大部洲：曰東勝神洲，曰西牛賀洲，曰南贍部洲，曰北俱蘆洲。」

佛教世界的名詞，經常出現在我們的日常生活中。佛教傳說世界的植物，有些只是傳說，但也有許多是真實存在。

42 六道中的畜生道、餓鬼道及地獄道，相對於三善道天、人與阿修羅

• 泰國黎明寺的建築規劃概念即佛教傳說世界：
中央的主塔象徵須彌山，周圍四座陪塔象徵四大部洲

藉孫悟空觔斗雲找迦曇婆與鎮頭迦

卡鄧伯木與馬拉巴柿

《起世經》卷一：「欝單越洲。有一大樹。名菴婆羅。其本縱廣。有七由旬。下入於地。二十一由旬。高百由旬。枝葉垂覆。五十由旬……弗婆提洲。有一大樹。名迦曇婆……瞿陀尼洲有一大樹。名鎮頭迦……此閻浮洲。有一大樹。名曰閻浮。」

《一切經音義》：「迦羅迦樹，此云黑果，形似鎮頭。鎮頭迦果，古譯云，狀同此方，柿子之類也。」

《翻譯名義集》：「鎮頭迦。此云柿。」

大家一定都記得美猴王齊天大聖孫悟空誕生於花果山水簾洞，是由一顆吸收了日月精華的石頭幻化而成。後來為了長生不老，孫悟空跟著菩提祖師學會七十二變和觔斗雲。這些是吳承恩筆下《西遊記》中，大家耳熟能詳，且電視、電影也都不斷強調的部分。

不過十分可惜，鮮少有電視、電影將《西遊記》原本世界的設定交代清楚。

在小說中，花果山位於傲來國，而傲來國位於東勝神洲。東勝神洲是什麼樣的地方呢？小說一開始就有交代，世界有四大部洲，分別是東勝神洲，西牛賀洲，南贍部洲，北俱蘆洲。

除了孫悟空的出生地，小說也有提到孫悟空跋山涉水到西牛賀洲拜師學藝。再進一步考究，這四大部洲，典故來自佛教的傳說世界。

在佛教傳說中，世界中心是須彌山，東方海中的東勝神洲，梵文是 पूर्वविदेह，轉寫為 Purva-videha，音譯為弗婆毘提訶洲、弗婆提洲或毘提訶洲。《佛學大辭典》記載：「此洲人身形殊勝，故名身勝洲也。」由此可知，居住在此洲的人身形殊異，故名，而後才漸漸變成東勝神洲。

而西牛賀洲梵文是 अपरगोदान，轉寫為 Apara-godana，原意是西牛貨洲，也音譯做瞿陀尼洲，後來「貨」訛寫成「賀」，才有了牛賀洲之名。北俱蘆洲梵文是 उत्तरकुरु，轉寫為 uttara-kuru，又譯為北高勝洲、北高上洲、鬱單越洲、鬱怛囉洲。南贍部洲梵文是 जम्बुद्वीप，轉寫為 Jambu-dvipa，又稱南贍部洲、閻浮提洲、琰浮洲、閻浮提鞞波。

• 印度史詩《羅摩衍那》中的猴神哈奴曼是毗濕奴的化身，胡適認為祂是孫悟空的原型

攝影｜吳靜芸

卡鄧伯木果實看起來彷彿日本的炸可樂餅，令人垂涎欲滴

而北東西南四洲上分別生長著：菴婆羅、迦曇婆、鎮頭迦、閻浮四種大樹。這些樹名都是梵文音譯，所以大家較為陌生。其實菴婆羅就是芒果，閻浮是肯氏蒲桃，都是大家熟悉或常見的果樹或行道樹。

比較陌生的迦曇婆，梵文是कदम्ब，轉寫為 kadamba，也音譯做迦曇波。這到底是什麼呢？其實就是拉丁文種小名為 *cadamba*，現在直接音譯為卡鄧伯木的大葉黃梁木。又稱團花、卡桐，我也有友人戲稱它為「卡通伯」。樹皮與果實是阿育吠陀用藥，治療傷口、口腔潰爛或腹瀉等疾病。

卡鄧伯木是速生樹種。過去舊文獻多使用 *Anthocephalus chinensis* 此學名。最早於一九六二年從波多黎各引進，栽種於林業試驗所高雄六龜分所與嘉義中埔分所。一九七三年，台大實驗林直接自菲律賓引進。

卡鄧伯木雖不普遍，但也不算少見。目前台北植物園、台大校園航測館前、竹山下坪熱帶樹木園、溪頭森林遊樂區停車場、鹿谷往溪頭路上、集集往鹿谷路上……可以觀察到此樹。

另外，鎮頭迦是馬拉巴柿，梵文是 तिन्दुक，轉寫為 tinduka，佛經上有時也作鎮杜迦。部分文獻將鎮杜迦直接翻譯為柿，但要特別注意，它與中國原產的紅柿子[43]同屬不同種。《一切經音義》也提到它是柿子之類，而不是大家熟悉的柿子。《一切經音義》：「迦羅迦樹，此云黑果，形似鎮頭。鎮頭迦果，古譯云，狀同此方，柿子之類也。」佛教以「迦羅鎮頭」來比喻比丘持戒或破戒。迦羅迦是絨毛柿[44]，梵文是 काकाण्डक，轉寫為 kakandaka，與鎮頭迦一樣都是柿樹科植物，只是鎮頭迦可食，迦羅迦似乎有毒，僅能做藥用。

馬拉巴柿木材佳良，市場上稱為黑白檀。拉丁學名的種小名 *malabarica* 是指印度西部馬拉巴爾地區，故名馬拉巴柿或馬拉巴爾柿。是印度阿育吠陀藥用植物，使用其樹皮、葉子、花、果實，治療腹瀉、咽喉痛等症狀。

農業試驗所作物種原中心稱之為呂宋毛柿。引進時間不確定，由植株大小跟生長速度推測，應該是日治時期引進。目前僅知士林官邸與農業試驗所嘉義分所有栽培。

---

44 拉丁學名：*Diospyros tomentosa*。目前查到的資料，絨毛柿是*Diospyros exsculpta*的同種異名，但是*Diospyros exsculpta*又被認為是東印度烏木（*Diospyros melanoxylon*）的同種異名。因此，目前在植物分類學上，還無法十分確定它的學名與分類

• 卡鄧伯木樹勢高大

圖鑑

卡鄧伯木

佛經裡的迦曇婆，
生長於東勝神洲之樹

學名

Neolamarckia cadamba (Roxb.) Bosser

科名

茜草科 (Rubiaceae)

原產地

印度、不丹、斯里蘭卡、中國南部、緬甸、泰國、越南、馬來西亞、蘇門答臘、爪哇、婆羅洲、新幾內亞、澳洲、菲律賓

生育地

河岸次生林，初生演替種，偶見原始雨林內開闊處或林緣

海拔高

0-800m

形態

大喬木，樹幹通直，基部有板根，在熱帶地區高可達 45 公尺，直徑逾 150 公分。單葉，對生，全緣，托葉較細長，早落。頭狀花序頂生，聚合果，成熟時黃色。廣泛分布在東南亞地區。

卡鄧伯木小苗

卡鄧伯木葉片巨大

卡鄧伯木樹幹筆直，基部有板根現象

圖鑑

馬拉巴柿

佛經裡的鎮頭迦，生長於西牛賀洲之樹

學名	科名
Diospyros malabarica (Desr.) Kostel / *Diospyros embryopteris* Pers.	柿樹科 (Ebenaceae)

原產地

印度、斯里蘭卡、緬甸、泰國、馬來半島、印尼

生育地	海拔高
低地雨林、河岸林	500m 以下

形態

大喬木，高可達 37 公尺。單葉，互生，全緣，嫩葉紅色。花乳白色，壺形，總狀花序，腋生。漿果，可食，未熟果外有一層褐色鱗屑，易脫落。

馬拉巴柿葉子

馬拉巴柿果實

鳩摩羅什譯閻浮樹

肯氏蒲桃

《大智度論》卷三十五：「如閻浮提者，閻浮樹名，其林茂盛，此樹於林中最大；提名為洲，此洲上有此樹林。林中有河，底有金沙，名為閻浮檀金；以閻浮樹故，名為閻浮洲。此洲有五百小洲圍繞，通名閻浮提。」

若說起影響漢傳佛教與漢文佛經最深的人物，不得不提鳩摩羅什。鳩摩羅什是中國東晉時期西域龜茲[45]人，生於三四四年，圓寂於四一三年，七歲時就和他的母親一起出家，九歲到天竺學佛法，十三歲開始講經說法。按照現今的用語，就是天才兒童。

五胡十六國中，前秦君主苻堅重用漢人王猛，統一了北方。他聽聞鳩摩羅什才智過人，對大乘佛法深有研究，特別想延攬他。沒想到被拒絕後竟惱羞成怒，發

45 位於現今中國新疆維吾爾自治區阿克蘇地區庫車縣一帶

兵攻打龜茲國。可見「大師」在古代便有舉足輕重的地位，還能影響國際局勢。

而後鳩摩羅什一度被俘，並軟禁於涼州十八年，還被迫娶妻。後秦時期，鳩摩羅什終於抵達長安，受國師之禮對待。直到圓寂前十多年，他潛心鑽研佛學，將梵文經書翻譯成漢文，並且常在寺裡講說眾經。

即使非學佛之人，多半也都聽過《金剛經》[46]、《法華經》[47]、《維摩經》[48]、《阿彌陀經》[49]。這幾本經書目前最通行的版本，都是鳩摩羅什翻譯。而龍樹菩薩的重要著作《大智度論》、《中論》等經書，也是鳩摩羅什翻譯。

《大智度論》書中記載閻浮提上長滿了許多閻浮樹，故以此為名。而所謂的提就是洲的意思。參考《佛學大辭典》，閻浮提又稱贍部洲，位在須彌山南方的鹹海中，所以又稱為南贍部洲或南閻浮提。

而所謂的閻浮樹，梵文是जम्बु，轉寫為jambu。鳩摩羅什音譯做閻浮樹，後來又有人翻譯做贍部，而這種植物即一般所稱的肯氏蒲桃。早在一九一〇年便引進，全島各地普遍作行道樹。因為它的英文稱為Jambolan或Jambolang，所以早期曾翻譯做堇寶蓮。又因稱為Jamun，二〇一〇年後常被種苗商稱為佳孟果。俗名還有非常多，像是海南蒲桃、印度藍莓等。

閻浮樹這個名稱其實不算少見，不過卻一直都被當作果樹栽培，極少被當作佛教植物看待。目前僅知中和華新街上座部佛教的寺廟會用其枝條於祭祀儀式，並栽培於佛寺旁，其他大乘佛教寺廟則鮮少種植。

除了與佛教相關，在印度的婚禮上也會用到肯氏蒲桃的枝葉，甚至印度教神祉黑天的膚色呈現藍色，相傳也與肯氏蒲桃有關。印度阿育吠陀將其葉子、果實做藥用，用於治療肺部、口腔或女性疾病。

46 全稱《金剛般若波羅蜜經》
47 全稱《妙法蓮華經》
48 全稱《維摩詰所說經》
49 全稱《佛說阿彌陀經》

圖鑑

肯氏蒲桃

佛經裡的閻浮，
生長於南贍部洲之樹

學名	科名
Syzygium cumini (L.) Skeels	桃金孃科 (Myrtaceae)

原產地

印度、斯里蘭卡、不丹、尼泊爾、中國南部、緬甸、泰國、寮國、越南、馬來西亞、印尼、菲律賓

生育地	海拔高
熱帶潮濕森林至乾燥森林	0-(1200)1800m

形態

大喬木，高可達 30 公尺。單葉，對生，全緣，新葉紅色。花白色，中心處橘黃色，較細小，聚繖花序腋生。果實橢圓球狀，成熟時紫黑色。

肯氏蒲桃的葉片

肯氏蒲桃的花十分美麗

肯氏蒲桃可以長得十分高大

訓詁學訓香遍
樹波利質多羅

刺桐與夜花

《一切經音義》：「波利質多羅樹，具云波利耶怛羅拘毗陀羅，此云香遍樹，謂此樹根莖枝葉花實皆香，普能遍熏忉利天宮。」

「訓詁學」，簡而言之是研究並解釋古代詞義的學科，目的是為了協助後人閱讀古代文獻。如《爾雅》與《說文解字》，都是有名的訓詁學書籍。

佛教約在西漢時期傳入中土，魏晉南北朝時興盛。此時，為了漢文佛經誦讀的需求，同時具有釋義與辨音的佛教訓詁學開始發展，如南朝劉宋的慧叡著《十四音訓敘》、北齊道慧作《一切經音》——這兩本書均已失傳。

到了唐朝，佛教全盛時期，佛教經書卷帙浩繁，漢文佛經已經超過一千部，而經書中翻譯的語彙劇增，如果沒有釋義的書籍，必定會造成佛經閱讀上的障礙。

此時，解釋佛經語彙的佛教訓詁學也跟著達到鼎盛。

在眾多佛教訓詁書中，唐代的《一切經音義》最為重要。該書有兩個版本，其一是唐朝釋玄應版本，成書年代不詳，只能推測是於六六一年前完成，共二十五卷。唐朝釋慧琳版本共一百卷，於八一〇年前完成。

釋慧琳本姓裴，是西域疏勒[50]王族，十三歲到長安拜師學佛，精通佛經、梵文、漢文。西元七八八年，慧琳開始潛心研究佛經與佛教典故，引用《切韻》、《說文解字》等古代韻書、字書，參考玄應等人所作的《經音義》，甚至引述方言的人文典故，費時二十餘年，於唐元和五年，八一〇年，終於完成佛教訓詁學集大成的著作。

無論是在當時或是近代，《一切經音義》都是不可多得的經典，具有跨時代的參考價值。尤其讓人敬佩的是，慧琳治學的精神與態度。

《一切經音義》解釋了許多佛經中的用詞，也記錄了許多佛經植物。如古代稱為古貝的木棉花[51]，成語「曇華一現」的主角烏曇跋羅等，還有佛教傳說世界須

---

50 今日新疆喀什疏勒縣

51 關於木棉花的名稱由來，以及與歷史文化間的關聯，可參考《看不見的雨林——福爾摩沙雨林植物誌》，書中第六章〈我在西拉雅碰見阿凡達——天然染劑與纖維植物〉有詳細介紹

彌山頂——帝釋天所居住的忉利天，都聞得到香氣的香遍樹——波利質多羅樹。

香遍樹除了香氣，因為所在地是帝釋天的居所，又被稱為天王樹，梵文是पारिभद्र，轉寫為 paribhadra，音譯為波利質多羅、波利耶怛羅拘陀羅、波羅質多羅、婆利耶怛羅拘陀羅、婆唎耶呾羅拘毘陀羅等，也做 पारिजात，轉寫為 parijata 音譯為婆利質羅、婆疑質垢、波利。पारिजात 這個字本身也有芬芳的意思，符合香遍樹這名稱。那究竟波利質多羅是什麼植物呢？其實正是廣泛分布在印度洋與西太平洋地區，全島低海拔常見的植物——刺桐。除了跟佛教文化相關，也是印度阿育吠陀植物，樹皮、樹根、葉子、種子可供藥用，治療耳朵、寄生蟲、發炎等方面的問題。

此外，刺桐也是重要的民俗植物，還做為地名使用：例如雲林縣莿桐鄉；彰化與屏東的莿桐腳、高雄的刺桐腳；台南在清治時期被稱為刺桐城；另外，相傳噶瑪蘭族將刺桐開花之時當作過年。

清康熙年間，曾任台灣府台灣縣知縣的孫元衡，於任官期間[52]陸續完成詩集《赤嵌集》。書中多次寫到刺桐花，如「紅刺桐花圍郡邑」、「刺桐城裡煙花靜」、「刺桐城裡得安眠」。這些詩句，都可以遙想當時刺桐花開，想必是耀眼奪目，才會受到詩人矚目。進一步也就不難理解，為何佛教傳說會選擇刺桐花做為須彌山上的植物。

不過，梵文 पारिजात 這個字除了指刺桐，還有另外一種香花植物——夜花。它是印度史詩《摩訶婆羅多》中，眾神攪乳海所產生的神話植物，深受眾神喜愛。因於夜晚開花，香氣宜人，故名夜花。是一七五三年林奈[53]於名作《植物種志》[54]書中發表並命名的物種。

由於夜花味道芬芳，花朵常被用來提取香精做香水，也可以泡茶或做黃色染料。在阿育吠陀中，夜花的樹皮、根、葉子、花、種子皆可供藥用，治療掉髮、坐骨神經痛、便祕、寄生蟲與中毒等症狀。

夜花是印度與東南亞普遍栽培的植物，從梵文名稱與香氣遍布這個特徵來看，似乎也不無可能是佛經中的香遍樹。中南部的藥用植物園也有引進，偶見。

---

52 一七〇五至一七〇八年

53 卡爾．馮．林奈，瑞典文：Carl von Linné，拉丁文：Carolus Linnaeus

54 拉丁文：*Species Plantarum*

圖鑑

刺桐

佛教傳說世界須彌山頂
都聞得到香氣的香遍樹

學名

Erythrina variegata L.

科名

豆科 (Leguminosae)

原產地

坦尚尼亞、馬達加斯加、塞席爾、印度、斯里蘭卡、孟加拉、中國南部、緬甸、泰國、寮國、柬埔寨、越南、馬來西亞、印尼、新幾內亞、聖誕島、澳洲北部、帛琉、菲律賓、蘭嶼、台灣南部與東部

生育地

海岸林近河口處

海拔高

近海岸

形態

大喬木，高可達 27 公尺，樹幹通直，基部具板根。三出複葉，互生，小葉全緣。花紅色，類似總狀花序。果實為莢果，成念珠狀。

刺桐的板根

盛開的刺桐

攝影—王秋美

刺桐冬天會落葉

圖鑑

夜花

印度史詩《摩訶婆羅多》中，
眾神攪乳海所產生的神話植物

學名	科名
Nyctanthes arbor-tristis L.	木犀科 (Oleaceae)

原產地

印度、尼泊爾、泰國

生育地	海拔高
乾燥落葉森林至潮濕森林	0-1500m

形態

灌木或小喬木，高可達 10 公尺。單葉，對生，全緣或不規則粗鋸齒緣。花白色，花冠筒基部橘色，聚繖花序頂生或腋生。核果扁平。

夜花於夜晚開花，香氣宜人

佛教版創世神話

猿尾藤

或

臭娘子

《起世經》卷一：「去斫迦羅山。其間不遠。亦有空地。青草遍布。即是大海。於大海北。有大樹王。名曰閻浮樹……邊有空地。青草遍布。次有菴婆羅樹林。閻浮樹林。多羅樹林。那多樹林……次有男名樹林。女名樹林。刪陀那林。真陀那林……次有呵梨勒果林。鞞醯勒果林。阿摩勒果林。菴婆羅多迦果林……次有可殊羅樹林。毘羅果林。婆那婆果林。石榴果林……次有烏勃樹林。奈樹林。甘蔗林。細竹林。大竹林……次有荻林。葦林。割羅林。大割羅林。迦奢文陀林……次有阿提目多迦華林。瞻波華林。波吒羅華林。薔薇華林。」

《一切經音義》：「阿提目多，梵語也，正梵音云阿地目得迦花，樹名也，西方有，此國無。」

世界知名懸疑推理小說《達文西密碼》作者丹・布朗[55]，二〇一七年的新作《起源》再度掀起熱潮，從人類數千年來的兩大疑惑展開：「我們從哪裡來？我們要往哪裡去？」不斷引人入勝。

世界的起源是什麼？是不是有世界末日？這或許不是在我們有生之年可以遇見，但卻是從有人類以來不斷被提出，甚至小朋友自然而然會提出的問題。不論是科學、哲學、宗教，都一直在研究、探尋答案。

數千年前，各大宗教幾乎都提出自己的世界觀，跟信眾解釋世界的樣貌。如中國神話的盤古開天、女媧造人；猶太教和基督教《希伯來聖經》中，從上帝說要有光開始，用六天創造了天地萬物，以及亞當與夏娃；古印度《往事書》也記載了創世三相神：梵天、毗濕奴、濕婆。

如果這樣來看，佛教版本的創世神話，就是《起世經》。這是一本為佛教徒解說宇宙形成、發展、組織和滅亡的經書。

《起世經》裡除了詳細記載佛教傳說世界的模樣——即九山八海與三千世界，也記載了各地的植物。這些植物有的難以考證，但也有不少是真實世界裡面見得到的植物。

那麼《起世經》裡究竟記載了哪些真實世界存在的植物呢？可以考證出來或真實存在的植物包含：

菴婆羅樹——芒果[56]

閻浮樹——肯氏蒲桃

多羅樹——貝葉棕或扇椰子

鞞醯勒——貝羅里加欖仁樹[57]

阿摩勒——油柑[58]

毘羅果——木敦果[59]

婆那婆——波羅蜜[60]

割羅——槭葉翅子木[61]

阿提目多迦——猿尾藤或臭娘子

瞻波——金玉蘭

波吒羅——波吒釐樹[62]

古今同名的呵梨勒[63]、石榴[64]、甘蔗、竹、薔薇。

---

55 英文：Dan Brown

56 菴婆羅樹將於第九章介紹

57 多羅樹與鞞醯勒將於第八章介紹

58 阿摩勒將於第五章介紹

59 木敦果將於第七章介紹

60 婆那婆將於第十章介紹

61 割羅將於第十二章介紹

62 瞻波與波吒羅將於第四章介紹

63 呵梨勒將於第十章介紹

64 石榴將於第七章介紹

其中阿提目多迦，佛經又翻譯為阿地目得迦。猿尾藤的梵文是 अतिमुक्त，轉寫為 atimukta，而臭娘子的梵文是 अतिमुक्तक，轉寫為 atimuktaka。單從梵文來看，這兩種植物都有可能是佛經中所稱的阿提目多迦。

《翻譯名義集》卷三：「阿提目多伽，舊云善思夷華，此云苣蕂子。苣蕂[65]，胡麻也。又云此方無故不翻，或翻龍舐花。其草形如大麻，赤花青葉，子堪為油，亦堪為香。」

從這段文字描述可知，《翻譯名義集》把阿提目多迦和胡麻搞混了。因為不管是植株形態如大麻、紅花、子可以榨油，都與猿尾藤或臭娘子不相符。猿尾藤是木質藤本，臭娘子是小喬木，都不是草本，兩種植物都開白花，也沒有榨油的用途，只有「亦堪為香」這點還算符合——猿尾藤是花香，臭娘子是全株有特殊氣味。

此外，《起世經》和《一切經音義》都提到阿提目多迦是樹，跟《翻譯名義集》有明顯出入。

《佛光大辭典》與國外的佛學辭典提到阿提目多迦學名是 *Gaertncra racemosa*，這應該是拼錯了。正確拼法是 *Gaertnera racemosa*，這是猿尾藤拉丁學名的異名。

印度是猿尾藤與臭娘子自然分布地點，這兩種植物也是印度阿育吠陀的用藥，猿尾藤樹皮、樹葉、花、種子可供藥用，用於傷口、發炎、皮膚、肥胖等疾病。臭娘子葉子、果實、種子供藥用，治療發燒、發炎等症狀。

但是兩種植物皆無法榨油，與佛經描述有所不同。

不過，從佛經中有提到花這點來看，猿尾藤是阿提目多迦花的可能性比較高，畢竟猿尾藤是熱帶地區常栽培的香花植物，而臭娘子的花卻十分細小。

65 《翻譯名義集》原文將阿提目多迦寫作阿提目多伽；而《本草綱目》將苣藤寫作巨勝

圖鑑

猿尾藤

花具香氣，最可能
為佛經所稱的阿提目多迦

學名

Hiptage benghalensis (L.) Kurz

科名

黃褥花科
(Malpighiaceae)

原產地

印度、斯里蘭卡、安達曼、尼古巴、中國南部、中南半島、馬來西亞、蘇門答臘、爪哇、蘇拉威西、菲律賓、蘭嶼、台灣

生育地

低海拔森林

海拔高

0-1500m

形態

木質藤本。單葉，對生，全緣，新葉泛紅。花白色泛紅，花瓣邊緣有毛，具有香氣，總狀花序腋生。翅果有三枚翅。

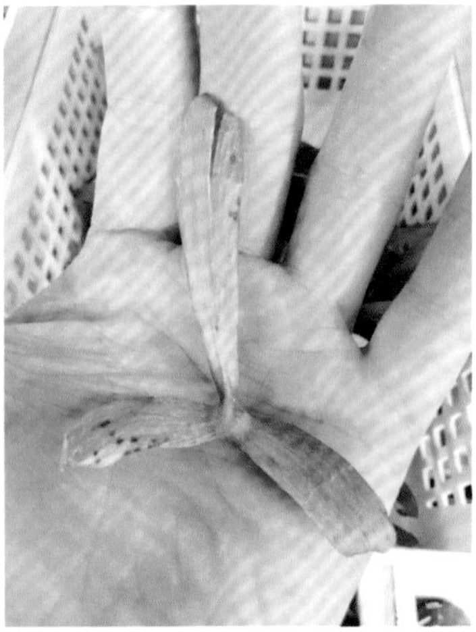

猿尾藤的果實有三枚翅膀

猿尾藤的花　攝影｜王秋美

圖鑑

臭娘子

全株有特殊氣味，
亦可能為佛經裡的阿提目多迦

學名	科名
Premna serratifolia L.	馬鞭草科 (Verbenaceae)

原產地

印度、孟加拉、中國南部、中南半島、安達曼、尼古巴、馬來西亞、印尼、新幾內亞、澳洲、菲律賓、蘭嶼、恆春半島、台灣北部、琉球

生育地	海拔高
海岸林、河岸林、次生林、季風林、熱帶雨林邊緣	0-1500m

形態

小喬木或灌木，高可達 9 公尺。單葉，對生，全緣或鋸齒緣，葉子有臭味。花細小，複聚繖花序頂生。核果，成熟時紫黑色。

臭娘子的花十分細小

不一樣的天堂

四色蓮花

《起世經》卷一：「其須彌山。佉提羅山。二山之間。闊八萬四千由旬。周匝無量。優鉢羅華。鉢頭摩華。拘牟陀華。奔茶利迦華等。諸妙香物。遍覆水上。

佉提羅外有山。名曰伊沙陀羅……佉提羅山。伊沙陀羅。二山之間……優鉢羅華。鉢頭摩華。拘牟陀華。奔茶利迦華等。諸妙香物。遍覆水上。

伊沙陀羅。遊乾陀羅。二山之間……優鉢羅華。鉢頭摩華。拘牟陀華。奔茶利迦華等……。

遊乾陀羅。與善見山。中間相去……優鉢羅華。鉢頭摩華。拘牟陀華。奔茶利迦華等……。

其善見山。與馬半頭。二山之間……優鉢羅華。鉢頭摩華。拘牟陀華。奔茶利迦華等……。

尼民陀羅。毘那耶迦。二山之間……四種雜華。乃至諸妙香物。遍覆諸水。

毘那耶迦。及斫迦羅。二山之間……四種雜華。及諸妙香物。遍覆於水。」

身在亞熱帶的我們，許多人見到滿山的櫻花，會說彷彿置身天堂。處在溫帶的歐美國家，卻往往認為到處是棕櫚、藤蔓的熱帶叢林是天堂。那麼，佛教版的天堂長什麼樣呢？鳥語花香？奇葩異卉？

仔細看《起世經》，除了提到許多樹，特別引人注意的，是不斷強調九山之間有四色蓮花，布滿水面。所以我們或許可說，佛教版的天堂是一望無際的蓮花？

或許是環境差異造成觀念想法的不同，天堂的樣貌也跟著變化。不過，從蓮花被世界各地廣為栽植的情況來看，一望無際的蓮花海，相信大家普遍覺得美。不然北宋周敦頤〈愛蓮說〉：「蓮之出淤泥而不染，濯清漣而不妖；中通外直，不蔓不枝；香遠益清，亭亭淨植，可遠觀而不可褻玩焉。」也不會成為大家熟悉的名句。

而且蓮在印度自古就是清淨、神聖的植物，也是現今印度國花，做為佛教重要植物也順理成章。不但佛祖有步步生蓮的傳說，佛像也常坐或立於蓮花之上。由此可見，蓮花對佛教的意義非凡。

不過佛教所稱的蓮不是單指一種植物，《起世經》就將蓮分成四種：優鉢羅華、鉢頭摩華、拘牟陀華、奔茶利迦華，都是真實存在的植物。

仔細探究，優鉢羅華是指青蓮花，梵文是 उत्पल，轉寫為 utpala，佛經音譯優鉢羅、烏鉢羅、優鉢羅華、波羅華。梵文又稱 नीलोत्पल，轉寫為 nilotpala，音譯為尼羅烏鉢羅、泥盧鉢羅。有學者認為是藍睡蓮，但是也有學者認為是埃及藍睡蓮。

就植物地理學的角度來看，埃及藍睡蓮原產於非洲尼羅河流域，可能性低。北宋王溥撰《唐會要》卷一百：「伽失畢國獻泥樓鉢羅花，葉類荷葉，圓缺，其花色碧而蕊黃，香芳數十步。」這裡對青蓮花的描述，包含花色、花蕊顏色，甚至葉片形態都十分到位。

拘牟陀華有說是黃蓮花，也有說是白蓮花、紅蓮花。梵文 कुमुद，轉寫 kumuda，音譯包含拘勿投、拘勿頭、拘物頭、拘牟頭、拘牟那、拘貿頭、拘母陀、拘物陀、拘物度、拘貿、句文羅等。植物學上指的是柔毛睡蓮，梵文又稱 रक्तकुमुद，轉寫為 raktakumuda。通常開白花或紅花。《唐會要》卷一百：「罽賓國獻俱物頭花，其花丹白相間，而香遠聞。」這裡就很清楚描述了拘牟陀的花色有紅有白。

上述所稱的蓮花，不論顏色，皆為睡蓮科，與下面要介紹的蓮花不同科。其地下莖、花、種子是阿育吠陀用藥，治療出血或肝臟疾病。

鉢頭摩華是紅蓮花，梵文是 पद्म，轉寫為 padma，音譯為鉢頭摩、波曇、鉢曇；奔茶利迦華是白蓮花，梵文是 पुंडरीक，轉寫為 pundarika，又音譯為分陀利、分茶利迦、芬陀利、芬陁利、分茶利華、奔茶利迦、本拏哩迦、奔茶利、奔茶。鉢頭摩華與奔茶利迦華這兩種稱呼都是指大家熟悉的荷花，也可以稱為蓮花。在阿育吠陀中，葉子、花、雄蕊、種子可供藥用，治療出血或肝臟疾病。

圖鑑

藍睡蓮

佛經裡的優鉢羅華、青蓮花

學名	科名
Nymphaea nouchali Burm.f. / *Nymphaea cyanea* Roxb. ex G.Don	睡蓮科 (Nymphaeaceae)

原產地

熱帶非洲至熱帶亞洲、台灣

生育地	海拔高
池塘、湖泊或河流	500m 以下

形態

多年生水生植物。單葉，心形，葉緣齒牙狀，葉柄細長。花單生，藍色或紅色。果實為漿果。

一般栽培的藍睡蓮多半是人工培育品種

圖鑑

柔毛睡蓮

拘牟陀華，開白花或紅花

學名	科名
Nymphaea pubescens Willd. / *Nymphaea rubra* Roxb. ex Andrews	睡蓮科 (Nymphaeaceae)

原產地

印度、孟加拉、東南亞

生育地	海拔高
池塘、湖泊或河流	500m 以下

形態

多年生水生植物。單葉，心形，葉緣齒牙狀，葉柄細長。花單生，白色或粉紅色。果實為漿果。

開白花的柔毛睡蓮

攝影—王秋美

圖鑑

蓮花

鉢頭摩華是紅蓮花，奔茶利迦華是白蓮花，
皆為大家熟悉的荷花，也可以稱為蓮花

學名

Nelumbo nucifera Gaertn.

科名

蓮科
(Nelumbonaceae)

原產地

南亞、東亞

生育地

湖泊或池塘

海拔高

1400m 以下

形態

水生草本，具地下莖。單葉，圓形，盾狀，具長柄，挺水或貼於水面。花單生，紅色、粉紅色或白色。果托半球形、堅果。地下莖即蓮藕，果托稱為蓮蓬，堅果稱為蓮子。

蓮蓬是蓮花的果托

白色蓮花較為少見

泰皇的加冕儀式

香欖與長葉馬府油樹

《大唐西域記》：「風壤既別，地利亦殊，花草果木，雜種異名。所謂……末杜迦果……凡厥此類難以備載，見珍人世者，略舉言焉。」

《阿毘達磨俱舍論》：「從末度迦種末度迦果生。其味極美。從賃婆種賃婆果生。其味極苦。」

《俱舍論記》：「末度迦，是果名，其形如棗，樹似皂莢樹。」

《一切經音義》：「末度迦果，謨鉢反，舊云摩頭，此言美果也。」

佛教與印度文化，對東南亞影響甚鉅，至今於東南亞的文化、飲食、古蹟中，隨處可以見到相關痕跡：泰國與柬埔寨將佛教視為國教；泰國與印尼皆採用佛教的護法金翅鳥做為國徽；金氏世界紀錄當今世上最大的佛寺，是位於印尼爪哇的婆羅浮屠；二〇一九年成為世界遺產的緬甸蒲甘古城內，有超過三千五百座佛

• 泰國的四面佛，就是印度教創世之神梵天

寺；柬埔寨舉世聞名的吳哥窟，則是將印度傳說世界「須彌山」結構布局具體呈現的宏偉建築。這些，都是印度文化與佛教影響東南亞的具體證明[66]。

在東南亞諸國中，與佛教連結最多、最深的，一般人可能會聯想到泰國吧！曼谷的臥佛寺、玉佛寺、四面佛等，都是舉世聞名的觀光景點，泰國素萬那普國際機場一整排高大的夜叉王[67]，更是令人印象深刻。

泰國昭披耶河[68]畔的黎明寺，俗稱鄭王廟，建築規劃的概念也是來自佛教傳說世界：中央的主塔象徵須彌山，周圍四座陪塔象徵四大部洲。主塔中有夜叉、緊那羅、金翅鳥、因陀羅、毗濕奴等佛教與印度教傳說中的天龍八部。

除了這些具體的建築，泰國年輕男子短期出家被認為是替父母做功德；雖不禁止其他宗教，憲法卻規定泰皇必須信奉佛教，甚至泰皇的加冕儀式中，都可以見到許多佛教典故。

---

66 關於東南亞各國的歷史文化與飲食特色，詳見《舌尖上的東協——東南亞美食與蔬果植物誌》一書

67 泰文：ยักษ์，轉寫為yaks。從語言來推敲，比較可能是佛教的夜叉。因為夜叉梵文是यक्ष，轉寫為Yaksa。但是也有一說，認為那是佛教的守門天

68 泰文：แม่น้ำเจ้าพระยา，轉寫為Maenam Chao Phraya，即中文過去所稱的湄南河。將昭披耶河的泰文แม่น้ำเจ้าพระยา拆成แม่น้ำ與เจ้าพระยา二字，แม่น้ำ就是河流，本意是水之母，音譯為湄南；เจ้าพระยา音譯為昭披耶，意思是「大王」

• 臥佛寺是泰國知名景點

• 泰國素萬那普國際機場高大的夜叉王

二〇一九年，泰國曼谷王朝拉瑪十世加冕儀式中，用到了許多佛教植物。例如接受八方聖水的王座，是優曇華[69]的木材所打造，並用吉祥草來淨化。還有以木敦果[70]葉夾耳，以芒果[71]葉束拍胸口、手臂去除危險的動作，更特別的是有一段儀式，泰皇瓦吉拉隆功灑了金和銀製的 พิกุล 花在地上，由皇室成員跪著撿拾。儀式中的 พิกุล 究竟是什麼植物呢？竟在加冕儀式中扮演如此神奇的角色！

พิกุล 就是香欖。在泰國的佛教信仰中，認為香欖是來自須彌山上的植物，生長於因陀羅的祕密花園中。因此泰國於皇家儀式中經常使用香欖花。不過在漢文佛經中，找不到香欖確切的紀錄。

香欖梵文是 बकुल、मकुल 或 मकुर，分別轉寫為 bakula、makula、makura。中文佛經中找不到可能的紀錄。除了泰國，似乎也沒有其他佛教國家把它視為佛教植物。推測原因，泰國可能將香欖和末杜迦果或香遍樹搞混了。

根據泰文的資料，生長在因陀羅的祕密花園，與香遍樹的描述符合，但是香欖與刺桐形態有所不同，音譯名也有很大差異，佐證資料尚嫌不足。

69 請參考本書第八章
70 請參考本書第七章
71 請參考本書第九章

佛經所稱的末杜迦果，也稱為末度迦果或摩頭，現在稱為長葉馬府油樹，梵文是 मधूक，轉寫為 madhuka，或是 मधुशाख，轉寫為 madhusakha。從梵文來看，香欖和末杜迦果拼法相近，植物的形態，無論花、果、葉都十分類似。加上泰國不是末杜迦果的原生地，因此極有可能是以類似的植物代表。不過，佛經中並沒有記載末杜迦果生長在須彌山，這個推論也不一定正確。又或者是泰文資料弄錯了，尚有待考證。

香欖廣泛分布在印度至西太平洋島嶼，一八九六至一八九八年間，由本多靜六自印度引進。各地公園、校園略有栽植，如台北植物園、台中都會公園可見。

香欖又被稱為猿喜果或牛油果，不過我不喜歡稱它為牛油果，因為被稱為牛油果的植物太多了，像是酪梨[72]跟蘭嶼木薑子[73]都有人稱為牛油果，很容易搞混。

不論是香欖還是真正的末杜迦果——長葉馬府油樹，都是阿育吠陀重要的藥用植物。香欖的樹皮、花、果實可供藥用，治療頭痛、牙痛、口腔疾病；長葉馬府油樹供藥用的部位是樹皮、花、果實，治療蛇咬中毒與皮膚、神經方面的疾病。

---

72 拉丁學名：*Persea americana*

73 拉丁學名：*Litsea garciae*

圖鑑

長葉馬府油樹

佛經所稱的末杜迦果，
阿育吠陀重要的藥用植物

學名	科名
Madhuca longifolia (J.Konig) J.F.Macbr. / *Bassia latifolia* Roxb.	山欖科 (Sapotaceae)

原產地

印度、斯里蘭卡、尼泊爾

生育地	海拔高
森林邊緣或落葉林	200m 以下

形態

喬木，高可達 16 公尺。單葉，互生，全緣。花白色，數朵叢生，腋生。漿果，成熟時褐色。花果皆可食。

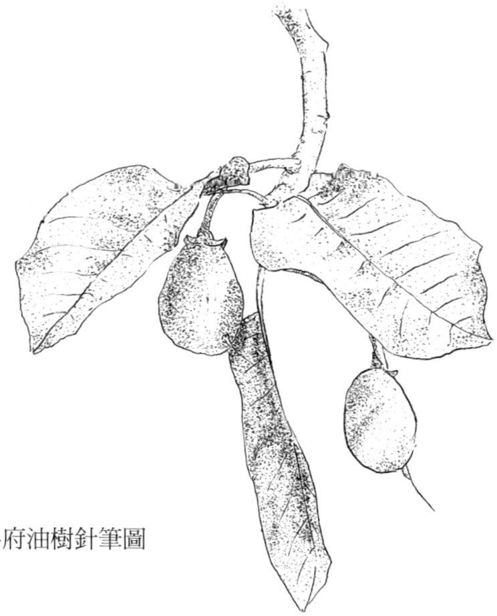

長葉馬府油樹針筆圖

圖鑑

香欖

泰國的佛教信仰中
來自須彌山上的植物，
生長於因陀羅的祕密花園中

學名

Mimusops elengi L.

科名

山欖科 (Sapotaceae)

原產地

印度、斯里蘭卡、安達曼、緬甸、泰國、越南、馬來半島、印尼、新幾內亞、澳洲、菲律賓、新喀里多尼亞、萬那杜

生育地

熱帶海岸林、季風雨林或低地雨林

海拔高

0-600m

形態

喬木，高可達30公尺。單葉，互生，全緣。花細小，白色，具有香氣。漿果，成熟時橘黃色，可食。

香欖的花與長葉馬府油樹十分類似

泰國佛寺四周常栽植香欖

香欖的未熟果

瑜伽、曼陀羅、植物分類學

曼陀羅花

《妙法蓮華經》：「是時天雨曼陀羅華，摩訶曼陀羅華，曼殊沙華，摩訶曼殊沙華，而散佛上，及諸大眾。」

《一切經音義》：「曼陀羅，此云悅意花，又曰雜色花，亦云柔耎，聲亦云天妙花也。」

《一切經音義》：「曼陀羅花，此云圓花也，摩訶曼陀，大圓花也，亦名適意，大適意也。」

曾幾何時，瑜伽成為很多人下班後的主要運動，瑜伽教室在各地如雨後春筍般設立，許多學校、公司也都有瑜伽社團。而且不只我國，瑜伽流行於全世界，BBC曾報導全球有三億人規律的練習瑜伽。相信我的讀者中也有不少瑜伽愛好者，不曉得大家是否聽過瑜伽與佛教的關係呢？

瑜伽梵文是योग，轉寫為yoga，不只是一種運動，還是修養身、心、靈，達到某種境界的方式。在印度，瑜伽有數千年的歷史，也是五世紀前後古印度六派哲

74 英文：Elephanta Caves

• 印度象島石窟[74]的瑜伽之神　攝影｜吳靜芸

學其中一派——瑜伽派。二〇一六年聯合國教科文組織更將瑜伽列入人類非物質文化遺產。

做為印度的古老文化與傳統，瑜伽和佛教、印度教、耆那教相互影響。釋迦牟尼與耆那教創始人筏駄摩那，都被認為是偉大的瑜伽成就者。大約成書於二至四世紀的《瑜伽經》，除了整理古印度的瑜伽傳統，也融入佛教與耆那教的思想。

釋迦牟尼出家前就曾學習瑜伽，悟道前也曾跟著幾位瑜伽大師修習，在森林中進行瑜伽苦行六年。佛教創立後，仍舊十分重視瑜伽修行，更有《瑜伽師地論》、《瑜伽遮復彌經》[75]等以瑜伽來命名的佛經。而佛像常見的跏趺坐姿勢，就是瑜伽伸展訓練的蓮花坐姿。

瑜伽還有所謂最高境界「曼陀羅瑜伽」，也有「心靈瑜伽曼陀羅」。曼陀羅是什麼？梵文是 मण्डल，轉寫為 mandala，原來的意思是圓形、圓圈，也有圓滿的意思。

曼陀羅又音譯為漫陀羅、曼荼羅、慢怛羅、滿拏囉、曼達拉。進一步延伸有壇、中心的意思，可以指瑜伽修行所建立的小土台。漸漸的，曼陀羅也演變成一種輻射對稱的繪畫法，或是佛教藝術的表現形式。最常見的是佛教密宗的「胎藏界曼陀羅」，中心是大日如來，外圍環繞著中台八葉院內的八尊佛像，如大家較熟悉的普賢菩薩、文殊菩薩、阿彌陀佛、彌勒菩薩、觀音菩薩。此外，瑜伽中的脈輪，也是一種簡單的曼陀羅形狀；許多輻射對稱的佛教建築，如柬埔寨的吳哥窟、印尼的婆羅浮屠、泰國的鄭王廟等，也都是曼陀羅。

日本研究生物演化的科學家三中信宏認為，曼陀羅的概念還進一步影響了兩位有名的生物學家。

其一是日本生物學、民族學暨宗教學家南方熊楠，他從曼陀羅得到了啟發，繪製了萬物關係圖，後來該圖案被稱為「南方曼陀羅」。不過，「南方曼陀羅」似乎更接近《華嚴經》中的因陀羅網。

其二是日籍植物學家早田文藏，在其大作《台灣植物圖譜》第十冊中繪製的「動態分類系統」說明圖，與「南方曼陀羅」有許多相似之處。早田文藏生於篤信佛教的家庭，除了文章常會出現佛學用語，他還明白指出動態分類系統學說受《華嚴經》影響。

早田在中南半島的植物調查後，深感西方過去線性或樹狀演化的概念，無法解釋熱帶地區複雜的生物多樣性。於是，經過田野調查與廣泛的閱讀後，他提出了

75 一般稱為《修行道地經》

動態分類系統，並如此敘述：「我如何理解物種和基因。宇宙是無數玻璃珠連結而成的廣大無際的網路，各個玻璃珠都位在顏色不同的網上。」這種高次元的網路，就彷彿佛教的因陀羅網一般。生物之間並不是適者生存這樣的關係，更多的是分享或互惠。早田源自東方哲學的理論，後來也受到西方植物學家的支持。我個人還認為，近代生態學家用來解釋熱帶地區高生物多樣性的理論「儲存效應」，某些概念與早田的想法不謀而合。

除了上述種種，曼陀羅也可以是一種植物。在佛經上，曼陀羅與曼殊沙華都是天上的花，又稱圓花、適意花、悅意華、雜色華、天妙華等，原本應該不是真實存在的植物。

現在被稱為曼陀羅的植物，梵文是धत्तूर，轉寫為 dhattura，後來拉丁化成為曼陀羅屬名 *Datura*，唸起來其實跟曼陀羅完全不同。但因為中文稱之為曼陀羅，不知從何時起，在東亞地區，植物曼陀羅就被當成了佛經上的曼陀羅。

曼陀羅又稱風茄兒、洋金花，是有毒植物，也是藥用植物。在印度阿育吠陀，其根、葉子、花、種子皆可供藥用，治療皮膚方面的疾病。但是因為有劇毒，通常是採取外敷，不會內服。大約是在一九二五年引進曼陀羅做為觀賞植物，全島普遍歸化。

Fig. 1. A sketch showing an arrangement of genes contained in individuals; the rosary-beads representing genes, which change from time to time as if they were in one current of communication in their essence. Although in the above case, as I was trying to explain my idea in the simplest way, I regarded the rosary as a line in one plane, yet we may assume that the same rosary may be extended in boundless space of three dimensions; at the same time, our rosay-beads may be regarded as solid bodies of three dimensions.

• 早田文藏繪製的「動態分類系統」說明圖，猶如《華嚴經》中的因陀羅網

圖鑑

曼陀羅花

在佛經裡原是天上的花，
後來植物曼陀羅被當成佛經上的曼陀羅

學名	科名
Datura metel L.	茄科 (Solanaceae)

原產地

可能是印度，廣泛歸化全世界熱帶、亞熱帶地區

生育地	海拔高
路旁或荒地	中低海拔

形態

亞灌木，高可達 1.5 公尺。單葉，互生，全緣或鋸齒緣，歪基。花白色，腋生。蒴果球形，表面有棘狀突起。

曼陀羅的葉片基部左右不對稱

曼陀羅的果實

曼陀羅有開紫色花的品種

攝影―王秋美

木曼陀羅屬[76]植物俗稱大花曼陀羅，原產於美洲，與曼陀羅不同屬，不要混淆

76 拉丁學名：*Brugmansia* sp.

彼岸花就是曼殊沙華嗎？

紅花石蒜

《妙法蓮華經》：「持是經者，雖住於此，亦聞天上諸天之香，波利質多羅、拘鞞陀羅樹香，及曼陀羅華香、摩訶曼陀羅華香、曼殊沙華香、摩訶曼殊沙華香、栴檀、沈水、種種末香，諸雜華香，如是等天香、和合所出之香，無不聞知。」

《翻譯名義集》：「曼殊沙，此云柔軟，又云赤華。」

《一切經音義》：「曼殊顏華，又云曼殊沙，此譯云藍花。」

網路很多資訊說紅花石蒜是彼岸花，也是佛經上的曼殊沙華，而且有好幾個不同版本的傳說：有說彼岸花開在通往冥界的路旁，可以喚起亡者生前的記憶；有說花妖曼殊與葉妖沙華違背神的旨意，永世不得相見；還有一個版本，說一個叫「彼」的妖怪與一個叫「岸」的妖怪受到詛咒，一個變成花，一個變成葉，永不能相見……。

這些很淒涼的傳說，其實都只是穿鑿附會罷了。因為「曼殊沙」是一個詞，「華」是花的意思，曼殊和沙不能拆開；「彼岸」在佛教中也是一個專有名詞，不可以

● 紅花石蒜總是花凋謝後才長葉，花葉不會同時存在　攝影｜王秋美

拆開。漢文佛教經典中沒有任何關於彼岸花的記載，「彼岸」在佛學中更不是死亡的意思。

佛教把一般的生死循環境界稱為「此岸」，將相對於此的不死涅槃境界稱為「彼岸」，是遙不可及的境界。

關於彼岸花的稱呼，我推測是來自日本。日本佛教會舉辦一個獨特的法會，稱為「彼岸會」，簡稱「彼岸」，是印度與中國佛教皆沒有的法會。日本在春天與秋天舉辦彼岸會，一連七天，以春分與秋分之日為準，前後各三天，象徵從迷惑的此岸到達覺悟的彼岸。一般信徒會於彼岸會期間到寺廟參拜或掃墓，於是一些不知所以的民眾，就以為彼岸與死亡相關。

而紅花石蒜的花葉不並存，在日本傳說中跟死亡、分離有關，是喪禮用的花，常被栽種在墳墓旁。由於紅花石蒜總是很準時的開於秋分舉辦彼岸會之時，久而久之，紅花石蒜在日本就被稱為彼岸花。

其實紅花石蒜是原產於中國的植物，在漢文化中並沒有不祥的意義，反而因為鮮豔的紅色，有喜慶的意味；馬祖地區還因為其外形，稱之為螃蟹花，並且以它為連江縣花；在韓國，紅花石蒜則被稱為相思花。

佛經中的曼殊沙華，梵文是मञ्जुषक，轉寫為Manjusaka，也稱為曼殊顏。《翻譯名義集》解釋為赤華、柔軟花，《一切經音義》則解釋為藍花。《妙法蓮華經》中記載曼殊沙華是一種天上的花朵，原本應該不是任何真實的植物，當然更不可能是指紅花石蒜。畢竟紅花石蒜不產於印度，不可能出現在二世紀之前就完成的佛經之中。

但是紅花石蒜花色鮮豔，與《翻譯名義集》描述相符。於是最後，日本就把稱做彼岸花的紅花石蒜，進一步當成佛經中的曼殊沙華。

以上這些是我從植物地理、漢文佛經，還有日本文化所推測出來的結果，目前並沒有可靠的文獻佐證。

圖鑑

紅花石蒜

被誤認是佛經裡的曼殊沙華，
日本傳說通往冥界路旁的彼岸花

學名	科名
Lycoris radiata (L'Hér.) Herb.	石蒜科 (Amaryllidaceae)

原產地

中國長江以南

生育地	海拔高
山區岩石縫隙	低海拔

形態

草本，有球莖。葉細長，叢生莖頂。花紅色，繖形花序。先花後葉。蒴果。

紅花石蒜於秋天開花　攝影｜王秋美

紅花石蒜的葉細長

四

金庸小說與佛教護法

跟其他佛教人物或護法有關的植物

金庸是潛心學佛之人，其小說雖然包羅萬象，
可以見到儒、道、釋等各派思想隱藏其中，
卻以佛學最為顯著。以六大派來說，
少林寺與峨嵋派都是佛教派系。

除了傳統戲劇、布袋戲中有非常大量的習武僧人或比丘尼，或是引用了許多佛教的經典與世界觀，另外一個大家所熟悉，也含有大量佛教典故或武僧的是金庸武俠小說。

金庸是潛心學佛之人，其小說雖然包羅萬象，可以見到儒、道、釋等各派思想隱藏其中，卻以佛學最為顯著。以六大派來說，少林寺與峨嵋派都是佛教派系。

此外，小說中有大量與佛教有關的人物或情節。例如《鹿鼎記》中，大清帝國的寶藏竟藏於佛教《四十二章經》；《射雕英雄傳》裡的《九陰真經》，據說是源自佛教的《楞嚴經》；《倚天屠龍記》裡，金毛獅王謝遜被關於地窖中唸誦《金剛經》，後來皈依佛門；《笑傲江湖》之中，儀琳為令狐沖唸誦《觀世音菩薩普門品》等。

而最經典的莫過於《天龍八部》這部小說，書名即是取自佛教典故。是指以天、龍為首的八個神話種族，亦是佛教的護法，故名天龍八部。八部包含天人、龍、夜叉、乾闥婆、阿修羅、迦樓羅、緊那羅、摩睺羅迦。

天龍八部這些種族，不少又來自印度教的典故。因此，想要了解佛教所謂的天龍八部，也必須對印度教傳說有所認識。印度教傳說中有創世三相神：梵天主管「創造」，濕婆掌「毀滅」，而毗濕奴是「保護」之神。位階最高的三相神之下，還有相對正義的天神與相對邪惡的阿修羅。

佛教吸收印度教的天神與阿修羅，變成了六道輪迴中較高的天道與阿修羅道，其他四道為人道、畜生道、餓鬼道、地獄道。這就是我們常聽到的「六道輪迴」中的六道，皆住在三界：欲界、色界、無色界。

原本印度教天神因陀羅變成了佛教的帝釋天，居住在欲界第二層的忉利天。而泰國街頭常見的象頭神伽內什[77]，是印度教的文學與智慧之神，在佛教裡則稱為大聖歡喜天，全稱大聖歡喜大自在天，除了是藏傳佛教與上座部佛教常祭祀的天神，日本佛教將它當作守護財運與福運之神。

三相神當然也都入了天道，但是位階比較高，住在欲界之上的色界。梵天變成了大梵天王——即大家熟悉的四面佛，居住在色界的初禪天；而毗濕奴變成了那羅延天王，或稱遍入天，居住在色界的三禪天；濕婆則變成大自在天王，居住在色界的頂點。

除了天道與阿修羅道，天龍八部也有些屬於餓鬼道與畜生道，如夜叉就屬於餓鬼道，在印度教傳說中，從梵天腳掌生出。

乾闥婆有時又譯為飛天，是侍奉帝釋天、表演音樂的神，以香味為食。有屬於餓鬼道或阿修羅道兩種說法。

---

77 梵文：गणेश，轉寫Ganesa

• 象頭神伽內什是佛教的大聖歡喜天

● 印度孟買外海的象島石窟是供奉濕婆為主的洞穴廟宇，狀態看起來與佛教石窟非常相似

攝影｜吳靜芸

• 佛像後面是天龍八部裡的龍

• 泰國鄭王廟裡半人半馬的緊那羅

• 半人半鳥的迦樓羅

• 八卦山大佛風景區入口階梯兩側有天龍八部與眾多天神的石雕

緊那羅在印度教傳說中，從梵天腳指生出，半人半馬，在佛教中屬於畜生道，是天人的歌者。至漢傳佛教，成為少林寺武僧的棍術之神，甚至還成為民間信仰的灶神；摩睺羅迦人身蛇面，也是音樂之神。

而龍與迦樓羅是死對頭。印度神話中的龍是蛇神，與中國傳統的龍有所不同。迦樓羅是大鵬金翅鳥，專以龍為食。

《天龍八部》這部膾炙人口的小說，七年級以前的讀者幾乎都知道，三位主角段譽、虛竹、喬峰，就有兩個與佛教有關，而整部小說也緊扣著佛法。但是仍有許多人不知道其書名的典故。

佛教對民間信仰有很深的影響，佛教護法、六道輪迴的概念，還有一些重要的佛教人物、典故，其實就藏在我們日常生活之中。

金翅鳥
愛瞻蔔

金玉蘭

《翻譯名義集》眾香篇第三十四：「瞻蔔。或詹波。正云瞻博迦。大論翻黃華。樹形高大。新云苦末羅。此云金色。西域近海岸樹。金翅鳥來。即居其上。」

曾到佛教國家泰國旅遊的人，很難不注意鳥頭人身的紅色大鳥，在飯店、賣場、甚至礦泉水瓶子上，隨處可見。牠是泰國國徽，甚至也見於印尼國徽，以及蒙古首都烏蘭巴托的旗幟上。

在印度神話中，這隻超級大鳥名字叫做迦樓羅[78]，中文稱祂為金翅鳥，是毗濕奴的坐騎。

毗濕奴是印度教的「保護」之神，性格溫和，對虔誠的信徒施予恩惠，且常化身成拯救世界危難的各種形象。例如電影《少年PI的奇幻漂流》當中有一幕，PI

78 梵文：गरुड，轉寫為garuda，意思就是老鷹

• 金翅鳥在泰國隨處可見

• 連礦泉水瓶的包裝也印有金翅鳥圖案

• 印尼國徽上的金翅鳥是全鳥的形象

捕到大魚做為自己跟老虎的食物時，就說感謝毗濕奴化身成魚來救他。

金翅鳥與毗濕奴相遇後，成為毗濕奴的坐騎，並獲得「永生不死」及「地上蛇類永遠是祂的食物」兩個恩典。

佛教吸收了金翅鳥成為天龍八部，是護持佛的八個神話種族之一，也是觀世音菩薩的護法。一般常以半人半鳥或全鳥的形象出現。

俗話說：「良禽擇木而棲。」神聖的金翅鳥當然也不會隨便停棲。依佛教傳說，祂選擇停棲的樹稱為瞻蔔。

瞻蔔是什麼樹呢？其梵文是 चम्पक，轉寫為 campaka，意思是香氣。中國古代佛經又翻譯成詹波、瞻博迦、苦末羅，或是瞻蔔迦、占波。該植物即我們現今所稱的金玉蘭或黃玉蘭。

金翅鳥的傳說在《起世經》也有記載：「諸龍金翅所居之處。有一大樹。名曰拘吒賒摩利。」「諸比丘。大海之北。為諸龍王及一切金翅鳥王故。生一大樹。名曰居吒奢摩離。」拘吒賒摩利與居吒奢摩離應該也都是指金玉蘭，音譯自梵文प्रियसंदेश，轉寫為 priyasamdesa。

金玉蘭是十分高大的喬木，花橘黃色，跟一般路邊販售的白色玉蘭花非常相似。兩種植物除了花色不同外，也可從果實判斷。白玉蘭是雜交種，幾乎不會結果。

金玉蘭原產於南亞與東南亞的潮濕森林，其樹皮、根、葉、花、果實是阿育吠陀用藥，治療消化不良、頭痛、風濕等。大約一八〇〇年左右引進，各地普遍栽植，生長十分快速，主要花期在夏天。一七五三年，林奈在名著《植物種志》中將它放在含笑屬 *Michelia*，並直接以梵文的稱呼 campaka 拉丁化成 *champaca*，做為它的種小名。後來植物學家調整分類，歸併到木蘭屬 *Magnolia*。

• 金玉蘭的橘黃色花朵

圖鑑

金玉蘭

觀世音菩薩護法——
神聖金翅鳥停棲之木

學名	科名
Magnolia champaca (L.) Baill. ex Pierre / *Michelia champaca* L.	木蘭科 (Magnoliaceae)

原產地

印度、孟加拉、中國南部、緬甸、泰國、越南南部、馬來西亞、蘇門答臘、爪哇、婆羅洲、小巽他群島

生育地	海拔高
低地原始雨林至山地雨林	200-1600m

形態

大喬木，高可達50公尺。單葉，互生，全緣。托葉早落。花單生於葉腋，花被片橘黃色，花有香氣。蓇葖果圓球狀，表面有突起，成熟時會開裂。

金玉蘭的果實

金玉蘭的花與植株

與《鹿鼎記》何干

大葉合歡與波吒釐樹

《增一阿含經》：「毘婆尸如來坐波羅利華樹下而成佛道。式詰如來坐分陀利樹下而成佛道。毘舍羅婆如來坐波羅樹下而成佛道。拘屢孫如來坐尸利沙樹下而成佛道。拘那含牟尼如來坐優頭跋羅樹下而成佛道。迦葉如來坐尼拘留樹下而成道果。如我今日如來坐吉祥樹下而成佛道。」

《一切經音義》：「婆吒羅樹，其樹正似此方楸樹也，然甚有香氣，其花紫色也。」

《一切經音義》：「尸利沙，此云吉祥，即是合昏樹，俗云夜合，其花甚香。」

《鹿鼎記》小說軸線圍繞尋找藏著大清祕寶地圖的《四十二章經》。出身揚州妓院的韋小寶潛入皇宮，殺死小桂子、毒瞎海大富，助其尋找《四十二章經》，並認識自稱小玄子的康熙皇帝……這是大家熟悉的故事開端。

在小說裡，大清藏寶圖被分成八份，分別藏於八部《四十二章經》中，成為海大富、假太后、神龍教、康熙等人覬覦之物；在現實中，《四十二章經》則是第一部從印度東傳的漢文佛經，集結釋迦牟尼所說的四十二段話，一段話稱為一章，故名。

近代研究，《四十二章經》不是一部完整經書，而是節譯自佛教經典《阿含經》。佛祖涅槃後，佛教第一次集結完成的「經」便是《阿含經》，記載了佛教基本教義、佛祖與弟子、當時人士的談話內容，以及當時印度的風土民情。全本包含《長阿含經》、《中阿含經》、《雜阿含經》與《增一阿含經》，完成時間約在西元前一世紀，不晚於佛教第二次集結，是最接近佛陀時代的文字紀錄。

根據《阿含經》記載，在釋迦牟尼前，過去一共還有六佛，而且每位佛也都有自己的菩提樹，分別是在波吒羅樹下悟道成佛的第一佛毗婆尸佛；在分陀利花下悟道的尸棄佛；在娑羅樹下悟道的毗舍浮佛；拘留孫佛、拘那含牟尼佛分別悟道於尸利沙樹與優曇鉢羅樹下；而較多人聽過的第六佛迦葉佛，則於尼拘陀樹下成佛。

這些樹分別是什麼植物呢？波吒羅通常直接稱為波吒釐樹，分陀利是第三章介紹過的蓮花，尸利沙樹就是大葉合歡，優曇鉢羅樹是第八章曇花一現的主角，而尼拘陀樹則是將於第九章中介紹的孟加拉榕。

波吒釐樹是紫葳科羽葉楸屬的大喬木，梵文是 पाटला，轉寫為 patala，除了波吒釐，佛經中還稱為波吒羅、婆吒羅、缽怛羅、黃桐波吒羅、蕾香缽怛羅、重葉樹。在印度阿育吠陀，其根、葉子、花、種子可供藥用，治療發炎、發燒等疾病，也做為壯陽藥。該植物幾乎沒有中文介紹，應該也不曾引進。形態較相似的植物如常見的海南菜豆樹。

《一切經音義》：「波吒羅花此名重葉花。」又：「婆吒羅樹，其樹正似此方楸樹也，然甚有香氣，其花紫色也。」此處是關於波吒釐樹的形態描述，與真實的植物相符。又：「波吒釐，亦云波吒梨耶，舊言巴連弗，訛也。是一華樹名，因此華樹以目城。」由此可見波吒釐既是植物名，也是城市名。該城市是佛祖在世時主要生活的國家摩揭陀國[79]的首都。

大葉合歡，又稱大合歡、闊莢合歡，梵文是 शिरीष，轉寫為 zirisa，佛經通常翻譯做尸利沙、舍離沙，也稱為合昏。印度阿育吠陀使用其樹皮、葉子、種子做藥，治療蛇毒、發炎、皮膚方面的疾病。最早是一八九六至一八九八年間，本多靜六自印度寄贈；一九〇三年一月，柳本通義又自越南引進。在較老的校園或公園十分常見，而且多半是很大的老樹。中南部低海拔也有歸化自生。

---

79 梵文：मगध，轉寫為Magadha，佛教第一次集結與第三次集結，皆在此國

圖鑑

波吒釐樹

第一佛毗婆尸佛悟道之樹，
也是《起世經》記錄的傳說植物

學名	科名
Stereospermum chelonoides (L.f.) DC. / *Bignonia suaveolens* Roxb.	紫葳科 (Bignoniaceae)

原產地

印度、斯里蘭卡、孟加拉、尼泊爾、緬甸、泰國、寮國、柬埔寨

生育地	海拔高
森林邊緣	1300m 以下

形態

大喬木，高可達 30 公尺。一至二回羽狀複葉，對生，小葉全緣。花淡黃色或粉紅色，複聚繖花序頂生。蒴果細長而扁。

常見的海南菜豆樹 (*Radermachera hainanensis*)，形態與波吒釐樹相似

圖鑑

大葉合歡

第四佛拘留孫佛，
悟道於尸利沙樹下

學名	科名
Albizia lebbeck (L.) Benth.	豆科 (Leguminosae)

原產地

印度、斯里蘭卡、安達曼、孟加拉、緬甸、泰國、寮國、柬埔寨、越南、馬來半島、印尼、新幾內亞、澳洲

生育地	海拔高
疏林、季風林	0-1800m

形態

合歡屬的喬木，高可達 30 公尺。二回羽狀複葉，小葉全緣。花米白色或極淡的黃色，花絲細長，繖形花序腋生。莢果極為扁平而輕薄。

大葉合歡的果實

結實累累的大葉合歡

攝影｜王秋美

大葉合歡的葉子

峨眉湖畔未來佛

鐵力木

《大毘盧遮那成佛經疏》第七卷：「龍花奔那伽者。此奔那伽是龍樹花。彌勒世尊於此樹下成佛。其直云龍花者。是龍中所尚之花。西方頗有其種。」

《增一阿含經》：「去雞頭城不遠，有道樹名曰龍華，高一由旬，廣五百步。時彌勒菩薩坐彼樹下，成無上道果。」

新竹縣峨眉鄉有一座小小的水庫——大埔水庫，俗稱峨眉湖。這是我國首座自行設計、興建的迷你水庫，於一九五四年動工，一九六〇年竣工，主要用於灌溉。峨眉湖畔有環湖步道，可以讓民眾親近大自然。此外，湖畔還有一座高達七十二公尺的彌勒大佛，據說是世界最高的彌勒佛銅像，也是新竹新的地景。

峨眉湖畔這尊彌勒佛笑咪咪，挺著大肚子，坦胸露腹，正是大家所熟悉的模樣，與一般佛像莊嚴的樣貌十分不同。就如同《西遊記》第六十六回的描述：

大耳橫頤方面相，肩查腹滿身軀胖。
一腔春意喜盈盈，兩眼秋波光蕩蕩。

敞袖飄然福氣多，芒鞋灑落精神壯。

極樂場中第一尊，南無彌勒笑和尚。

但如果你看過印度版的彌勒，會發現法相截然不同。這是為什麼呢？

彌勒的梵文是 मैत्रेय，轉寫為 Maitreya，是印度常見的婆羅門姓氏，意思是慈愛。相傳彌勒佛是釋迦牟尼佛的繼任者，與燃燈佛、釋迦牟尼佛並稱為過去、現在、未來的三世佛，這是佛教各派都認可的共識。也因此彌勒佛成為救世主的象徵，就如同基督宗教的救世主是彌賽亞一般。每當亂世，欲取而代之的團體領袖，往往以彌勒降生為號召發動政變，如元朝末年的白蓮教。

彌勒佛在漢文化圈裡，早期形象與菩薩或如來佛祖差異不大。一直到五代以後，布袋和尚契此的形象漸漸取而代之，成為現在大家熟悉的彌勒佛。

契此是五代後梁的僧人，因為背著一只布袋，笑口常開，因而有布袋和尚、笑佛之稱。他生前因瘋癲的行為而聲名大噪，圓寂時留下一偈：「彌勒真彌勒，化身千百億，時時示時人，時人自不識。」於是世人相信布袋和尚便是彌勒的化身，將其模樣塑造成像，當成彌勒佛膜拜。從此以後，布袋和尚的形象便與彌勒佛畫上等號，紅遍海內外。

• 新竹峨眉湖畔有一座彌勒佛銅像

對於彌勒的信仰，海內外都有。根據《大毘盧遮那成佛經疏》，彌勒佛轉世後，將悟道於奔那伽樹下。奔那伽梵文是 पुंनाग 或 पन्नागकेसर，轉寫為 pumnaga 或 pannagakesara；或稱那伽，梵文是 नागाह्वा 或 नागकेसर，轉寫為 nagahva 或 nagakesara，意譯為龍華樹或龍樹花。《大毘盧遮那成佛經疏》或稱《大日經疏》，是《大日經》的注釋書，相傳是漢傳密宗祖師善無畏為唐玄宗解說《大日經》時，由一行禪師抄錄而成。而密宗經典《大日經》全稱為《大毗盧遮那成佛神變加持經》，正是善無畏與一行禪師共同翻譯。

奔那伽樹指的是現在所稱「鐵力木」，是非常堅硬的木材，廣泛分布在印度與東南亞的熱帶雨林。其幼苗耐陰，但是怕冷，栽培的人不多。在阿育吠陀中，樹皮、花、果實、種子可供藥用，治療發燒、嘔吐、泌尿系統的問題。由於其形態跟常見的瓊崖海棠類似，所以也有學者認為奔那伽是瓊崖海棠。不過，瓊崖海棠長在海濱，通常不是修行會選擇的地點，因此它是龍樹的可能性低。但由於鐵力木十分罕見，所以不少佛寺栽培瓊崖海棠做為龍樹。

瓊崖海棠是抗風耐鹽的海濱植物，恆春半島的熱帶海岸林也有自生，各地公園、校園十分常見。其木材質地堅硬、耐蟲蛀，可做家具與船艦；其種子富含油脂，可供藥用或美容保養用。在印度阿育吠陀，其樹皮、葉子、種子供藥用，治療糖尿病、皮膚、眼睛方面的疾病。

圖鑑

鐵力木

彌勒佛轉世後，將悟道於奔那伽樹下

學名

Mesua ferrea L.

科名

金絲桃科／藤黃科
(Guttiferae/Clusiaceae)

原產地

印度西高止及阿薩姆、斯里蘭卡、安達曼、尼泊爾、中國南部、緬甸、泰國、寮國、柬埔寨、越南、馬來西亞、蘇門答臘、婆羅洲、菲律賓

生育地

低地森林樹冠層、山地常綠森林及半落葉林下層

海拔高

500m 以下

形態

大喬木，高可達35公尺，樹幹通直，基部有板根。單葉，對生，全緣，嫩葉紅色。兩性花，白色，四瓣。頂生或腋生。蒴果球形。

鐵力木小苗

鐵力木果實與種子

鐵力木的紅色新葉十分美麗　攝影｜林志欽

圖鑑

瓊崖海棠

形態與鐵力木極為類似，
也有學者認為奔那伽是瓊崖海棠

學名	科名
Calophyllum inophyllum L.	金絲桃科 / 藤黃科 (Guttiferae/Clusiaceae)

原產地

熱帶非洲東岸、馬達加斯加、熱帶亞洲、澳洲北部、太平洋島嶼、蘭嶼、恆春半島、琉球

生育地	海拔高
海岸、海岸林	0-200m

形態

常綠喬木，高可達35公尺。葉橢圓形，對生，葉背可明顯看到許多細緻且平行的側脈。花白色具有香味，圓錐花序腋生。核果球形。

瓊崖海棠明顯又細緻的平行葉脈

瓊崖海棠的花，與鐵力木的花非常相似，容易混淆

《簾後》春秋誰與共

懷特沒藥與土牛膝

《千手千眼觀世音菩薩治病合藥經》：「而欲請求觀世音自在菩薩摩訶薩者，取拙具羅香。呪三七遍燒。時觀世音菩薩必即來到。拙具羅香者安悉香是也……若有人等蠱毒所害者，取劫布羅香以和拙具羅香……若有人等患傳屍鬼氣伏連病者，取拙具羅香。

若有女人懷妊死腹中者，取阿婆末唎草一大兩，以水二升和煮，絞去滓。取一升汁，呪三七遍，服即出一無苦痛。若不出胎衣者，亦服此藥即出差。阿婆末唎草，牛膝草是也。」

《翻譯名義集》：「掘具羅，或窶具羅，或求求羅，此云安息。」

「而我有夢，我有淚，簾後春秋誰與共？

我有愛憎，我有眷戀，紅塵心事繁似星斗。

……

最初的心，是守在簾後，安安靜靜的寂寞。

當繁華褪盡，誰的癡、誰的怨，皆不過風煙一抹。」

我何其幸運遇到大雪，能夠在頤和園欣賞著過去只在電視劇或照片裡才見得到的紅牆黃瓦白雪。那一刻我莫名想起了《簾後》這首歌。那是張清芳主唱、一九九三年中視古裝大戲《戲說慈禧》片頭曲。從歌詞推敲，作詞者姚謙或許認為，一個女性就算置身於權力頂峰，還是有柔情似水的一面吧！猶記得當時我小學四年級，每天晚上守在電視機前，跟著劇情起伏。印象特別深刻的是，恭親王協助葉赫那拉蘭兒幹掉肅順等顧命八大臣，開始掌實權那一幕，我的心也跟著激動萬分。

從那時起，我迷上了歷史劇——特別是清宮劇。雖然一九九一年《戲說乾隆》才是第一部在紫禁城實景拍攝的電視劇——我也是一集都沒有錯過，但是對我而言，一個夾在內憂外患之間最高權力者的故事，怎麼樣都比一個整天玩樂的皇帝更吸引人，滿清盛世怎麼樣都沒有清末對抗列強入侵的歷史叫人揪心。

二〇〇一年《走向共和》播出，我跟著劇情發展，把清末歷史再回顧了一遍；而我第一本書《看不見的雨林》第一章提到的《橡皮推翻了滿清》，更給了我認

• 大雪過後的頤和園

識慈禧的新視角。我曾經天馬行空亂想，如果當初恭親王繼位當皇帝，也許自強運動會成功，一切歷史都會不同。與許不會有八國聯軍，不會火燒圓明園，我中學時也不用背那些美日俄德法奧義英跟種種不平等條約。

大概是因為喜歡《簾後》這首歌和電視劇，我也莫名喜歡慈禧太后這位爭議人物的故事，沒來由的好奇她之所以被稱為「老佛爺」的原因。

野史說慈禧太后曾扮觀世音菩薩，並且拍照掛在寢宮中，因此有了老佛爺的稱號。不過，關於為什麼慈禧被稱為老佛爺，除了扮觀音，說法還有三種。其一，某年大旱，慈禧與朝中官員每日向佛祖求雨，三天雨就來了，於是愛拍馬屁的李蓮英就說慈禧像佛爺一樣了不起；其二，沿用蒙古習俗；其三，慈禧六十大壽時自己加的徽號[80]。不過，「佛爺」其實並不是慈禧專用，而是清朝對皇帝的特稱。慈禧讓大家稱自己老佛爺，似乎有自比皇帝的企圖。

---

80 明清兩代，太皇太后、皇太后、太妃、先朝嬪御、嬪妃等後宮女性所使用的尊號

姑且不論「老佛爺」的由來何者為真，從傳說野史、《鹿鼎記》小說、歷年來的清宮劇，很容易發現滿清皇室有不少虔誠的佛教徒：順治皇帝一度打算出家，他的寵妃董鄂妃也受其影響而潛心禪學；雍正皇帝也篤信佛教，研究禪宗，精通《金剛經》，法號圓明居士，甚至撰寫《御選語錄》與《揀魔辨異錄》等書闡述佛教思想。中國歷代皇帝篤信佛教大有人在，但在佛學上幾乎無人能出其右。

不過，滿清入關前的信仰是薩滿教，入關後雖然普遍接受中原地區的宗教信仰，仍保有部分薩滿教風俗。入關後，統治者為了籠絡西藏、青海、外蒙古等地區，特別禮遇及尊崇藏傳佛教。

在建築上，紫禁城中設有重華宮、雨花閣兩座佛堂，頤和園中的最大建築佛香閣，更是慈禧燒香禮佛之處。佛香閣位在萬壽山前山，據說是以彌勒佛悟道的龍樹鐵力木，仿武昌黃鶴樓樣式建構而成。佛堂裡供奉的千手千眼觀世音菩薩，恰巧與慈禧太后被稱為「老佛爺」的野史相關。

• 頤和園中的佛香閣，是仿武昌黃鶴樓樣式建構

觀世音菩薩可說是東亞地區信眾最多的佛教神祇，也是民間信仰「家堂五神」的首尊。民間信仰佛道不分的情況普遍，一般廟宇中也經常供奉觀世音菩薩。此外，因為觀世音菩薩的傳說眾多，化身也很多，在不同地區常有不同的形象，像是白衣觀音、騎龍觀音、送子觀音、千手千眼觀音等。

除了上述種種，我個人跟觀世音菩薩似乎也特別有緣。從小，家裡就掛著觀世音菩薩的畫像。國小階段，有一回跟家人外出，意外遇見一位師父，特別教了我觀世音菩薩六字真言「嗡嘛呢唄美吽」。雖然不知其意，卻陪我度過許多求學階段害怕或緊張的時刻。大學時期做報告，我開始認識廟宇建築，主祀觀世音菩薩的艋舺龍山寺遂成為我最熟悉的寺廟。

出社會後某一年，認識了一位看手相的阿姨，說巧不巧，她告訴我觀世音菩薩是我的守護神，並且在我手掌上畫了一尊觀世音菩薩。巧妙的是，圖案中的每一筆線條，都是我自己的掌紋。

或許因為上述種種巧合，因此，在撰寫本書過程中，我常常想，這位信眾最多、大家最為熟悉的佛教菩薩，與佛教植物如何連結？

一般常見的觀世音菩薩像，多半手持蓮花或柳枝；可是寫蓮花跟柳枝似乎又覺得牽強。翻遍跟觀世音菩薩相關典籍後，終於在《千手千眼觀世音菩薩治病合藥經》發現一種出現多次，具有避邪效果的拙具羅香，以及婦人胎死腹中時的用藥阿婆末唎草。

經考證後，發現拙具羅香就是懷特沒藥，又稱印度沒藥，英文是 Guggul tree，是來自梵文的 गुग्गुल，轉寫為 guggula，佛經音譯做掘具羅、求求羅、窶具攞、拙具羅、局崛羅、窶具羅，梵文又做 ग्रन्थिक，轉寫為 granthika，音譯為乾陀羅、乾陀囉、健陀，自古以來就是阿育吠陀的藥用植物，其樹脂有助於傷口癒合、抗衰老、降低膽固醇。

阿婆末唎草在《千手千眼觀世音菩薩治病合藥經》的說明是牛膝草。不過該植物比較正式的名稱應該是土牛膝，梵文是 अपामार्ग，轉寫為 apamarga，佛經音譯為阿波末利伽、阿波末利加、阿婆末唎、阿波麼羅誐等，全株可供藥用。印度北方的傳統醫學，將它用於流產、引產及產後出血，與佛經中的記載相符；阿育吠陀則用來治療心血管、腎臟或女性生殖系統方面的疾病。

• 佛香閣內供奉的千手千眼觀世音菩薩

圖鑑

懷特沒藥

佛經記載具有避邪效果的拙具羅香

學名 *Commiphora wightii* (Arn.) Bhandari	科名 橄欖科 (Burseraceae)
原產地 印度	
生育地 乾燥開闊丘陵	海拔高 100-1800m

形態

灌木，高可達6公尺。單葉，互生，全緣。雜性花，花紅色或粉紅色，數枚叢生，腋生。核果球形，成熟時暗紅色。

懷特沒藥小苗的葉子是鋸齒緣

圖鑑

土牛膝

佛經記載用藥阿婆末唎草

學名	科名
Achyranthes aspera L.	莧科 (Amaranthaceae)

原產地

泛熱帶分布

生育地	海拔高
次生林下、荒地或路旁	2000m 以下

形態

直立草本，高可達1公尺。單葉，對生，全緣，兩面被毛。花細小，淡綠色，穗狀花序頂生或腋生。胞果卵形，具有剛毛。

土牛膝是全島野外常見的植物

土牛膝的穗狀花序與果實

龍樹菩薩名叫阿順那

三果木

《龍樹菩薩傳》：「其母樹下生之。因字阿周陀那。阿周陀那樹名也。以龍成其道故以龍配字號曰龍樹也。」

佛教認為人皆有佛性，因此「放下屠刀，立地成佛」便成為勸人為善，停止作惡的經典語句。而在佛教的歷史中，其實也有真實的案例，如龍樹菩薩。

龍樹菩薩是釋迦牟尼佛之後，大乘佛教中最重要的論師。由於年代久遠，龍樹菩薩的生平史書記載甚少。主要參考資料包含鳩摩羅什翻譯的《龍樹菩薩傳》與玄奘口述的《大唐西域記》。

龍樹菩薩生於南印度，原屬婆羅門種姓，大約生活於二世紀。

相傳他少年時即精通各種學問與法術，習得隱身術後，入宮調戲宮女，國王為此勃然大怒，龍樹菩薩同行友人因此被殺。機智的龍樹菩薩逃過一劫後大澈大悟，潛心學佛。現代大乘佛教的教義，據說就是龍樹菩薩所確立。

龍樹菩薩在《大唐西域記》中，玄奘音譯為那伽閼刺樹那菩薩。他名字的梵文是 नागार्जुन，轉寫為 Nagarjuna，音譯為那伽閼刺樹那、那伽夷離淳那、那伽曷樹那。這其實是兩個字的組合。नाग 轉寫為 Naga，通常佛經音譯為那伽，是龍或蛇的意思；अर्जुन 轉寫為 arjuna，音譯做阿順那、阿周陀那、頞順那或阿闍那，指的是一種樹，據說龍樹菩薩誕生於其下，就如同佛祖誕生於無憂樹下一般。

阿順那樹現在稱為三果木，其拉丁學名便直接以梵文轉寫 arjuna 為種小名。由於是欖仁屬植物，因此近代也有植物學家音譯種小名，將它稱為阿江欖仁。

三果木也是阿育吠陀植物，樹皮可供藥用，治療心臟方面的疾病。生長十分快速。印象中我第一次在中興大學見到三果木時，還不到一個人高，才沒幾年，已經長到一、兩層樓高，並開花結果。

最早於一九一四年引進，栽培的人似乎不多，網路上資料也少。

圖鑑

三果木

大乘佛教重要的論師——
龍樹菩薩誕生於其下

學名
Terminalia arjuna
(Roxb. ex DC.) Wight & Arn.

科名
使君子科
(Combretaceae)

原產地
印度東北部至西南部、斯里蘭卡、緬甸

生育地
河岸林

海拔高
0-1000m

形態
大喬木，高可達25公尺，基部具板根。單葉，對生，疏鋸齒緣，嫩葉紅色。花綠白色，有淡香味，圓錐狀穗狀花序，頂生或腋生。核果，具翼三至五枚，成熟時紅色。

三果木的果實

三果木的花

三果木的植株生長快速

蘇東坡的軼事

皇冠花

《瑜伽師地論》：「不以種種局崛羅香、遏迦花等餘不淨物，而為供養。如是六種。說名菩薩無染供養。」

《一切經音義》：「何羅歌或阿迦。此云白華。」

從蘇軾的號「東坡居士」，不難知道他應該也是佛教徒。他在貶官期間跟許多僧人交遊，也留下與佛學有關的趣聞。這些事蹟的真實性或許無法考證，故事內容卻給人許多啟發。

蘇軾與佛印禪師之間「八風吹不動」的趣事最為人知，流傳千古。

有一回蘇軾作了一首詩：「稽首天中天，毫光照大千，八風吹不動，端坐紫金蓮。」八風在佛學上是指：利、衰、毀、譽、稱、譏、苦、樂，代表八種人生成敗得失。這首詩讚頌佛祖能不為外界所動，順便吹捧自己佛學修為了得。

蘇軾差人將詩送過長江去給佛印，想獲得他的讚許，沒想到佛印只回了蘇東坡「放屁」二字。蘇軾氣不過，於是過江想找佛印理論。沒想到佛印不見了，只留下：「八風吹不動，一屁打過江。」蘇軾看到後十分慚愧，明白自己並沒有做到如詩所稱「八風吹不動」的境界。

除了上述例子，傳說蘇軾與王安石之間也有個間接與佛教有關的軼事。有一次蘇軾去拜訪王安石，在王安石桌上看到兩句詩：「明月當空叫，五犬臥花心。」蘇軾直覺認為月亮不會叫，狗不可能坐在花心，詩句不合理，信手把詩改成「明月當空照，五犬臥花陰」。

時隔多年，蘇軾被貶到海南島後，才知道有一種鳥總是在月明時啼叫，當地人稱之為明月鳥；還有一種花的形狀貌似五隻小狗坐在花的中心，就叫五犬臥心花。蘇軾這才知道理虧，登門拜訪致意，一時傳為佳話。

這只是一個傳說，沒有明確的歷史記載，但海南島上卻是真有五犬臥心花，它就是皇冠花，也是《瑜伽師地論》中所稱的遏迦花。

《瑜伽師地論》是北印度高僧無著的著作，此部經書據說是無著受彌勒佛親自教授後，將所學化成文字流傳後世。

無著是瑜伽行唯識學派創始人，約生活於四世紀，在佛教歷史中有相當重要的地位。藏傳佛教有所謂「二勝六莊嚴」，係指八位印度佛教論師，除了無著，龍樹菩薩也是其中之一。他們的著作都是藏傳佛教必讀的經典。

遏迦花又稱阿迦，梵文是 अर्क 或 अर्क，轉寫為 arka。梵文又稱為 अलाक，轉寫為 alaka，佛經中音譯做何羅歌或阿羅歌，正是指佛教禮佛時常使用的皇冠花。除了五犬臥心花及佛經中的名稱，又稱為牛角瓜。

印度阿育吠陀，使用其樹皮、根、葉子、花、種子、乳膠做藥用，治療性病、皮膚病、肺部、腎臟等多種疾病。

皇冠花的副花冠形態與皇冠類似，因此得名。在泰國，皇冠花十分常見，被視為愛情花，泰文稱之為 รัก，轉寫 Rak，意思就是「為了愛」。

泰國路邊賣花的攤子，用來獻給四面佛的花環，主要組成就是皇冠花的副花冠。甚至泰國航空還使用皇冠花副花冠形狀做為商標。大概在二〇〇〇年代末期才引進，目前仍不常見。

• 五犬臥心花貌似五隻小狗坐在花的中心

• 泰國路邊販售的白色花環上就是一朵一朵的皇冠花

圖鑑

皇冠花

佛經中所稱的遏迦花或何羅歌，
泰國禮佛時常使用

學名	科名
Calotropis gigantea (L.) W.T.Aiton	夾竹桃科 (Apocynaceae)

原產地

印度、中國南部、緬甸、泰國、寮國、柬埔寨、越南、馬來西亞、印尼

生育地	海拔高
海岸、河床或季風林	0-1400m

形態

灌木，高可達 10 公尺。單葉，對生，全緣。花白色或紫色，繖房花序，頂生或腋生。蓇葖果。

紫色的皇冠花花苞

白色的皇冠花

五

每一條斜槓都達成世界級的新高度

玄奘西行所記錄的植物

從《大唐西域記》的描述來看，玄奘法師儼然是植物專家。
書中除了記錄了跟佛祖有關的佛教聖樹，
也描述了許多他沿途所見的植物與物產。

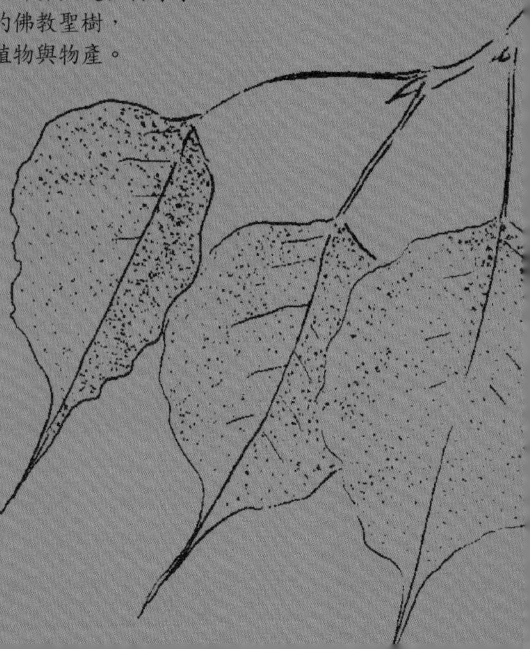

這幾年「斜槓」一詞紅翻天，人人都在搞複業。其實古代就有非常非常多的斜槓達人，例如我第一本書《看不見的雨林》裡反覆提到，而且大家一定都認識的玄奘法師。

如果用斜槓來表示，玄奘法師後面一長串可以寫做「佛學家／翻譯家／開山掌門／地理學家／植物學家」，他這些複業不但跨很大，而且每個都達成空前絕後世界級強大的境界。前面三槓大家比較熟悉，都跟佛教有關。但是究竟有多強大呢？容我用白話文來為大家複習一下。

玄奘法師出國留學，到當時佛學世界最高學府那爛陀寺學佛，讀通所有的經書，而且還自創了一派叫「法相宗」。畢業後，他在印度參加當時佛學界最高階的辯論大賽，獲得冠軍。如果當時全天下的佛學高手都聚集在印度，那玄奘法師堪稱打遍天下無敵手。經過十八天後，不論是大乘佛教還是部派佛教，人人都佩服，沒有人敢再出來應戰。這是玄奘法師拿下的第一座世界冠軍。

回到大唐後，這位世界冠軍也沒有停下腳步。大家都知道，玄奘法師開始翻譯佛經。翻譯了多少本呢？根據學者專家的研究，他一輩子一共翻譯過七十五部，一千三百三十五卷佛經，又是空前絕後，無人能及。試想一下，一般翻譯家一年能翻譯的書有幾本？不眠不休也很難達到這樣的成就吧！如果佛學有諾貝爾獎，那得獎者非玄奘法師莫屬。

開山掌門就不多解釋了，大家可以自己查查佛教的法相唯識宗，創始人就是玄奘法師。他在印度留學的期間，除了認真念書，也不忘考察印度的風土民情。走過佛教的各大聖地不說，還徒步走完整個印度次大陸。

加上他經由絲路來回大唐和印度之間的所見所聞，口述完成了《大唐西域記》。這本書有多重要呢？如果沒有這本書，史學家沒有辦法了解印度的歷史，近代印度考古，也是因為這本書才能了解究竟挖出了什麼。更令人讚嘆的是，據說玄奘法師用腳測量出來的距離，準確到一里不差。除了當時各國間的距離，還有那些聖地的大小，都準到讓人瞠目結舌。這是第三個世界級的成就。

最後一個，從《大唐西域記》的描述來看，玄奘法師儼然是民族植物專家。書中除了記錄跟佛祖有關的佛教聖樹，也描述許多他沿途所見的植物與物產。

在印度概述中，玄奘提到：「風壤既別，地利亦殊，花草果木，雜種異名。所謂庵沒羅果、庵弭羅果、末杜迦果、跋達羅果、劫比他果、阿末羅果、鎮杜迦果、烏曇跋羅果、茂遮果、那利薊羅果、般㮈娑果。凡厥此類難以備載，見珍人世者，略舉言焉。」相信他一定是真心喜歡與了解植物，才會記錄如此詳細。

此處所謂庵沒羅果應是指芒果，而阿末羅果是油柑，這兩個植物梵文讀音相近，玄奘有時會混淆，有時也會有不同的翻譯。庵弭羅是指羅望子，末杜迦果是第三章介紹過的長葉馬府油樹，跋達羅果是紅棗，劫比他果是象橘，鎮杜迦是第三章介紹的馬拉巴柿。烏曇跋羅是指曇花一現的優曇華，而茂遮則是現在所稱的辣木；那利薊羅果指的是我們熟悉的可可椰子，佛經常翻譯為那利羅或那羅雞羅；般樣娑果是波羅蜜，《大唐西域記》中反覆提到。

國與國之間，從玄奘的描述可知，幾乎都是森林。例如印度半島東南方的恭禦陀國：「從此西南入大荒野，深林巨木，干霄蔽日。」林木高聳，樹冠鬱閉，這不正是茂密的熱帶叢林給人的印象嗎？再看書中其他描述，於印度東北方的半笯蹉國：「花果繁茂，多甘蔗，無蒲萄。菴沒羅果、烏談跋羅、茂遮等果，家植成林，珍其味也。」此處所謂菴沒羅果，指的可能是芒果，也可能是油柑。烏談跋羅同烏曇跋羅，是優曇華，茂遮是辣木。

再看印度中北部秣菟羅國：「菴沒羅果家植成林，雖同一名而有兩種，小者生青熟黃，大者始終青色。」這裡玄奘雖然將油柑和芒果的梵文名稱搞混了，卻還是注意到有兩種不同的植物，果實成熟顏色不同，因而稱油柑為小者，芒果為大者，在在證明玄奘觀察細微。菴沒羅是油柑的梵文音譯，而芒果在佛經中通常音譯為菴羅、菴婆羅。因為名稱十分接近，很常搞混。

到了印度中北部另外三個古代國家。阿踰陀國：「城西南五六里，大菴沒羅林中有故伽藍。」吠舍釐國：「周五千餘里。土地沃壤花果茂盛。庵沒羅果、茂遮果。既多且貴。」摩揭陀國：「阿摩落迦者，印度藥果之名也。」不論菴沒羅還是阿摩落迦，都是指油柑，大菴沒羅可能是指芒果。從這兩種植物，以及茂遮果——辣木，不斷重複出現在《大唐西域記》中，可推測它們在印度、在佛教的重要性。

此外，印度中北部的鉢邏耶伽國：「大城西南瞻博迦華林中，有窣堵波。」這裡則提到了金翅鳥最愛的瞻博迦——金玉蘭，而窣堵波[81]則是穹頂形佛塔的意思。又摩揭陀國：「遂坐波吒釐樹。謂女聲樹也。採時果酌清流。」這裡的波吒釐樹是第一佛毗婆尸佛悟道成佛的樹，在上一章介紹過。再看鄰近的劫比羅伐窣堵國：「城南三四里尼拘律樹林有窣堵波。無憂王建也……其北二十四五步有無憂華樹。今已枯悴。菩薩誕靈之處。」玄奘提到的尼拘律樹是孟加拉榕，將於第九章介紹。而此處的無憂華樹，即佛祖誕生的無憂樹。這幾段敘述，都特別帶到植物，雖然描述簡單，但還是可以發現玄奘對植物別有用心。

玄奘到了印度東北，氣候變得潮濕，更多熱帶雨林植物生長，與今日的情況相同。奔那伐彈那國：「土地卑濕，稼穡滋茂。般椶娑果既多且貴，其果大如冬瓜，熟則黃赤，剖之中有數十小果，大如鶴卵，又更破之，其汁黃赤，其味甘美。或在樹枝，如眾果之結實；或在樹根，若伏苓之在土。」迦摩縷波國：「土地泉濕，稼穡時播。般棖娑果、那羅雞羅果，其樹雖多，彌復珍貴。」此兩國的般棖娑果是波羅蜜[82]，玄奘對它的形態描述也十分到位，不論是果實「大如冬瓜，熟則黃赤」、果肉「剖之中有數十小果，大如鶴卵，又更破之，其汁黃赤」，還有幹生花現象「或在樹根，若伏苓之在土」都詳細寫出來了。此外，那羅雞羅果同前面提過的那利薊羅果，是椰子果實。

當時印度最南的秣羅矩吒國：「國南濱海有秣剌耶山，崇崖峻嶺，洞谷深澗。其中則有白檀香樹、栴檀你婆樹。樹類白檀，不可以別……羯布羅香樹松身異葉，花果斯別，初采既濕，尚未有香，木乾之後，循理而析，其中有香，狀若雲母，色如冰雪，此所謂龍腦香也。」到這裡，玄奘見到兩種香類植物——檀香與龍腦香。檀香在佛經上稱為旃檀娜、旃檀那。羯布羅梵文是कर्पूर，轉寫為 karpura，即龍腦香。

南印度的恭建那補羅國：「城北不遠有多羅樹林，周三十餘里，其葉長廣，其色光潤，諸國書寫，莫不採用。」很清楚描述多羅樹葉的用途。佛教所謂多羅樹，

---

81 梵文：स्तूप，轉寫為stupa。又翻譯做卒塔婆、窣都婆、窣堵波、私偷簸、塔婆、率都婆、素覩波、藪斗婆等

82 植物介紹請參考第十章

可以指扇椰子或貝葉棕。西印度的阿吒釐國：「出胡椒樹，樹葉若蜀椒也。出薰陸香樹，樹葉若棠梨也。」薰陸香在此處應該是指印度乳香，而不是原產於地中海的乳香黃連木。

玄奘幾乎走遍了整個印度次大陸。不過卻沒有到達西高止山西側熱帶雨林，甚至連西高止山北邊，當時已經有人居住的孟買都沒有到達，十分可惜。只能推測當時西高止山西側還是大面積未開發的熱帶雨林，人煙罕至。

除了記錄植物、物產，玄奘法師也描述了植物的物候。他描述菩提樹的葉子冬天不會掉落，但是每到了佛祖涅槃之日就會瞬間掉光，並馬上長出新葉。佛祖涅槃日是南亞乾季結束，雨季將要開始的時候。在一千三百年前玄奘法師生動描述了熱帶雨林植物的「換葉現象」，根本就大勝西方的植物學家。除了表示讚嘆，我真的不知道可以說什麼了！

如果說達成每個專業的前提是要付出一萬小時的努力，那要達成玄奘法師任何一項專業的程度，我想起碼也要付出十萬小時。玄奘法師的一生達成這麼多的成就，很多人會以為他大概很長壽吧！其實他約莫六十二歲就圓寂了——連法定退休年齡都未到。他的一生幾乎每天都在研究，每天都為了他一生的志業而努力。這樣的精神，令人由衷敬佩。

庵弭羅果

羅望子

《大唐西域記》：「風壤既別，地利亦殊，花草果木，雜種異名。所謂庵沒羅果、庵弭羅果、末杜迦果、跋達羅果、劫比他果、阿末羅果、鎮杜迦果、烏曇跋羅果、茂遮果、那利葪羅果、般樣娑果。凡厥此類難以備載，見珍人世者，略舉言焉。」

羅望子梵文是 आम्ल，轉寫為 amla，就是酸的意思，佛經上稱為庵弭羅。梵文也做 आम्लीका 或 आम्लिका，都轉寫為 amlika，印度及東南亞地區是主要栽培地。因為南亞與東南亞沒有醋，羅望子便成為料理中不可或缺的酸味來源。

羅望子栽培歷史久遠，除了食用與做為食物調味，在阿育吠陀，其根、莖、花、果實、種子可供藥用，治療感冒、發燒、發炎等症狀。是一七五三年林奈在《植物種志》書中發表的眾多植物之一。於一八九六年引進，中南部較老的公園及校園常可見到巨大的植株。

圖鑑

羅望子

梵文本意是酸，是南亞與東南亞料理中
不可或缺的酸味來源

學名	科名
Tamarindus indica L.	豆科 (Fabaceae or Leguminosae)

原產地

非洲

生育地	海拔高
灌叢、疏林、河岸林	0-1500m

形態

喬木，高可達 30 公尺。一回羽狀複葉，小葉全緣。花淡橘黃色，總狀花序腋生。莢果貌似小狗的排遺，又被戲稱是狗大便。

羅望子的花十分美麗

不同品種的羅望子，有的偏酸，有的偏甜

掛滿花果的羅望子

阿末羅果

油柑

《大唐西域記》：「風壤既別，地利亦殊，花草果木，雜種異名。所謂庵沒羅果、庵弭羅果、末杜迦果、跋達羅果、劫比他果、阿末羅果、鎮杜迦果、烏曇跋羅果、茂遮果、那利蓟羅果、般橠娑果。凡厥此類難以備載，見珍人世者，略舉言焉。」

油柑又稱餘甘子，除了菴沒羅，中文的佛經還稱之為阿摩勒、阿末羅、阿末羅、菴摩羅、菴摩洛迦、菴摩勒、阿摩洛迦、菴羅衛、庵沒羅等，其梵文是 अमलक，轉寫為 amalaka，傳到東南亞後，開頭A的音消失了，演變成馬來文 melaka，直接音譯做麻六甲樹。

果實可食，但是生食味道酸澀，通常醃製食用。果實及樹皮、根亦是阿育吠陀用藥，治療糖尿病、呼吸道、皮膚與婦女疾病。

廣泛分布在熱帶亞洲，從乾燥疏林至潮濕雨林皆可見。大約一八〇〇年從華南引進，各地普遍栽植。

圖鑑

油柑

就是馬來西亞麻六甲的名稱由來

學名	科名
Phyllanthus emblica L.	葉下珠科 (Phyllanthaceae) / 大戟科 (Euphorbiaceae)

原產地

印度、斯里蘭卡、不丹、尼泊爾、中國南部、緬甸、泰國、寮國、柬埔寨、馬來西亞、蘇門答臘、爪哇、婆羅洲、新幾內亞

生育地	海拔高
海岸林、龍腦香林或乾燥疏林	800m 以下

形態

大喬木，高可達32公尺。單葉，互生，二裂狀排列在細小的枝條上，貌似羽狀複葉。單性花，雌雄同株，花極小，生於葉腋。核果球形或扁球形。

油柑果實

油柑的花十分細小

跋達羅果

紅棗

《大唐西域記》：「風壤既別，地利亦殊，花草果木，雜種異名。所謂庵沒羅果、庵弭羅果、末杜迦果、跋達羅果、劫比他果、阿末羅果、鎮杜迦果、烏曇跋羅果、茂遮果、那利薊羅果、般櫰娑果。凡厥此類難以備載，見珍人世者，略舉言焉。」

跋達羅果是紅棗，梵文是𑖤𑖟𑖨，轉寫為badara。早期中藥店販售的都是乾燥果實，約一九八〇年代引進，近年來市場上已經可以吃到新鮮的紅棗。

除了是中藥材，紅棗的樹皮、葉子、根、果實也都是阿育吠陀用藥，用於治療發燒、腸胃、心血管方面的疾病。

乾燥的紅棗果實

圖鑑

紅棗

原本是阿育吠陀用藥，後來也變成了中藥材

學名	科名
Ziziphus jujuba Mill.	鼠李科 (Rhamnaceae)

原產地

可能是南亞或西亞

生育地	海拔高
野外生育環境不詳	不詳

形態

喬木或灌木，高可達10公尺。單葉，互生，鋸齒緣。花黃綠色，細小，聚繖花序腋生。核果。

結實累累的紅棗
攝影—王秋美

劫比他果

象橘

《大唐西域記》：「風壤既別，地利亦殊，花草果木，雜種異名。所謂庵沒羅果、庵弭羅果、末杜迦果、跋達羅果、劫比他果、阿末羅果、鎮杜迦果、烏曇跋羅果、茂遮果、那利薊羅果、般㮌娑果。凡厥此類難以備載，見珍人世者，略舉言焉。」

象橘梵文是 कपित्थ 或 कपित्थक，分別轉寫為 kapittha 與 kapitthaka，佛經稱為劫比他果、迦毘陀、迦卑他、劫比陀、柯必他、迦捭多羅等。

栽培象橘的人不少，一般都稱為木蘋果。因為象橘和木敦果的英文都稱為 wood apple，兩種植物常常被搞混，其實它們是完全不同的植物：象橘是一回羽狀複葉，果實雖可鮮食，但是一般多做果醬；木敦果是三出複葉，果實鮮食即十分美味。

象橘在阿育吠陀中，以樹皮、葉子、花、果實做藥，用於治療腸胃、腎臟方面的疾病，還有牙齦和喉嚨發炎、蚊蟲咬傷。於一九一九年及一九三五年都曾引進，中南部有少數栽培。

圖鑑

象橘

又稱為木蘋果，果實雖可鮮食，一般多做果醬

學名	科名
Limonia acidissima L. / *Feronia limonia* (L.) Swingle	芸香科 (Rutaceae)

原產地

印度、斯里蘭卡

生育地	海拔高
乾燥落葉林	1000m 以下

形態

喬木，高可達 20 公尺，小枝有長刺，腋生。一回羽狀複葉，小葉全緣，倒卵形，葉軸有翼。單性花，雌雄同株或僅有雄花，黃綠色，圓錐花序，頂生。漿果球形，果皮極硬。

象橘的一回羽狀複葉

攝影—王秋美

茂遮果

《大唐西域記》：「風壤既別，地利亦殊，花草果木，雜種異名。所謂庵沒羅果、庵弭羅果、末杜迦果、跋達羅果、劫比他果、阿末羅果、鎮杜迦果、烏曇跋羅果、茂遮果、那利蓟羅果、般橠娑果。凡厥此類難以備載，見珍人世者，略舉言焉。」

《大唐西域記》：「周五千餘里。土地沃壤花果茂盛。庵沒羅果、茂遮果。既多且貴。」

辣木

辣木的梵文是मेचक或मुरुङ्गी，轉寫為mecaka或murungi。最早於一九三〇年代引進，大約於一九九〇年代末期至二〇〇〇年代初期，被種苗商美稱為奇蹟之樹，曾流行過一陣子，但因生長迅速，許多小苗被棄置到各地公園。

辣木是一種幾乎全株都可以吃的植物，有似芥末的奇特辛辣味，嫩葉與未熟果富含蛋白質，營養豐富，可以做為蔬菜。不過有微毒，不宜大量食用。

阿育吠陀以其樹皮、葉子、花、果實、種子供藥用，治療關節炎、皮膚、寄生蟲、痔瘡方面的疾病，亦可加工做保健食品。

圖鑑

辣木

全株可食，有似芥末的奇特辛辣味

學名	科名
Moringa oleifera Lam.	辣木科 (Moringaceae)

原產地

印度半島

生育地	海拔高
乾燥疏林至潮濕常綠森林	0-1000m

形態

灌木或小喬木，高可達12公尺。三至四回羽狀複葉，互生，小葉全緣。花白色，花瓣反卷，圓錐花序腋生。蒴果細長，下垂如豆莢，表面有三稜，橫切面三角形。種子三稜，稜的邊緣有半透明薄翼。

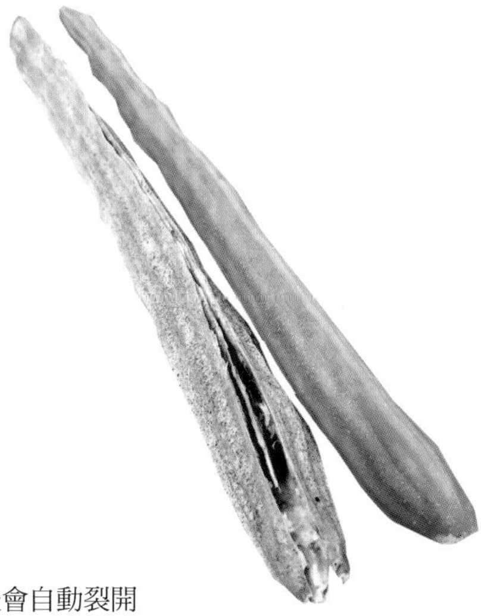

辣木的果實細長，可食用，成熟後會自動裂開

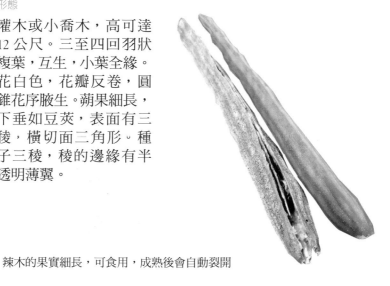

• 辣木的花

那羅雞羅果

可可椰子

《大唐西域記》：「土地泉濕，稼穡時播。般橠娑果、那羅雞羅果，其樹雖多，彌復珍貴。」

《大唐西域記》：「風壤既別，地利亦殊，花草果木，雜種異名。所謂庵沒羅果、庵弭羅果、末杜迦果、跋達羅果、劫比他果、阿末羅果、鎮杜迦果、烏曇跋羅果、茂遮果、那利薊羅果、般橠娑果。凡厥此類難以備載，見珍人世者，略舉言焉。」

眾所熟悉的可可椰子梵文是नारिकेल，轉寫為narikela，佛經翻譯為那利羅、捺唎羅吉唎、那利薊羅果、那羅雞羅。

阿育吠陀將其葉子、花、葉、果實、油做藥用，用於泌尿系統、胃、女性疾病。

據說最早是一六四五年由荷蘭引進，而後，一八九二年西班牙傳教士亦曾引進。一九〇四年田代安定又自南洋引進，一九〇八年、一九一二年都有再從海外引進的紀錄。

圖鑑

可可椰子

玄奘在印度東北迦摩縷波國所見的珍貴果實

學名	科名
Cocos nucifera L.	棕櫚科 (Palmae)

原產地

印度半島至澳大利亞

生育地	海拔高
熱帶海岸林	海岸

形態

喬木，高可達20公尺。一回羽狀複葉，叢生於莖頂。單性花，雌雄同株，花綠白色，細小，穗狀花序總狀排列。果實巨大，可食。

可可椰子的果實

● 可可椰子是海岸常見的植物

栴檀那

檀香

《大唐西域記》：「國南濱海有秣剌耶山，崇崖峻嶺，洞谷深澗。其中則有白檀香樹、栴檀你婆樹。樹類白檀，不可以別……羯布羅香樹松身異葉，花果斯別，初采既濕，尚未有香，木乾之後，循理而析，其中有香，狀若雲母，色如冰雪，此所謂龍腦香也。」

檀香梵文是चन्दन，轉寫為candana，佛經上稱為旃檀娜、旃檀那。

檀香是一種半寄生植物，木材具有特殊香氣，可以安定心神。因此檀香除了製香、提煉精油、製作家具與木雕，其枝葉、種子油也是阿育吠陀使用的藥材，治療皮膚、氣管、胃方面的疾病、淋病等。

傳到中國後，也做為中藥材，用於胸腹疼痛，胃寒嘔吐。最早於一九一三年引進，全島普遍栽培。

圖鑑

檀香

木材具有特殊香氣，可以安定心神

學名

Santalum album L.

科名

檀香科 (Santalaceae)

原產地

印度

生育地

海岸林、常綠林、落葉林

海拔高

1000m 以下

形態

喬木，高可達10公尺。單葉，對生，全緣。花暗紅色，複聚繖花序腋生或頂生。核果球形，成熟時深紫紅色或紫黑色。

檀香的花　攝影｜吳靜芸

開花結果的檀香

薰陸香

印度乳香

《大唐西域記》：「出胡椒樹，樹葉若蜀椒也。出薰陸香樹，樹葉若棠梨也。」

《本草綱目》：「時珍曰：佛書謂之天澤香，言其潤澤也。又謂之多伽羅香，又曰杜嚕香。」從李時珍的考證與描述可知，佛經中的薰陸香，與現今被稱為薰陸香的乳香黃連木[83]應該是不同的植物。

乳香黃連木是原產於地中海地區的漆樹科植物；佛經中的薰陸香梵文是 कुन्दुरु，轉寫為 kunduru，又稱君杜嚕、君杜魯、杜嚕香樹，指的應該是印度乳香，其樹脂是印度阿育吠陀的傳統用藥，治療腹瀉、痔瘡與肺部疾病，也可以提煉精油。約莫於二〇一〇年代由種苗商引進，各地皆有玩家栽植。

83 拉丁學名：*Pistacia lentiscus* L.

圖鑑

印度乳香

佛經中的薰陸香，又稱君杜嚕，也是精油植物

學名

Boswellia serrata Triana & Planch.

科名

橄欖科 (Burseraceae)

原產地

巴基斯坦、印度

生育地

乾燥落葉林

海拔高

1150m 以下

形態

喬木，高 5-15 公尺。一回羽狀複葉，小葉鋸齒緣，叢生莖頂。花白色，總狀花序頂生或腋生，核果。

印度乳香小苗

印度乳香的一回羽狀複葉

六

吠陀是什麼

阿育吠陀與佛教植物

隨著印度教與佛教的傳播，還有古代絲路的貿易，
阿育吠陀傳到世界各地，影響了西方的草藥醫學、
印尼傳統草藥醫學佳木、西藏醫學，還有中醫。

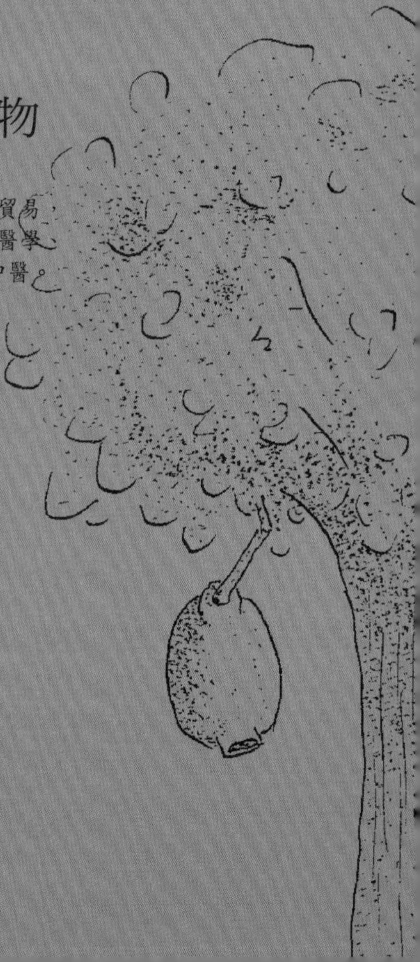

做為四大文明古國，印度留給全人類的資產，除了宗教、瑜伽、美食，還有印度的傳統醫學——阿育吠陀。然而，究竟什麼是阿育吠陀？它跟吠陀文化是否有所關聯？為什麼印度有很多東西都稱為某某吠陀？阿育吠陀又跟佛教植物有什麼關係？

醫學與宗教都是人類文明逐漸發展出來的「生存之道」，在原始部落社會往往密不可分。想了解阿育吠陀的由來，就必須認識印度的吠陀宗教與吠陀文明。

吠陀宗教是印度早期的原始信仰，也常被認為是婆羅門教與印度教的前身。而與吠陀宗教同時發展的吠陀文明，皆得名於該時期的宗教著作《吠陀經》。這是印度宗教最重要也最根本的經典，也是我們今日熟悉的印度神話故事的原始出處。

隨著雅利安人在北印度的勢力擴張，其宗教生活與祭祀規模也愈來愈大，愈來愈複雜，因此發展出大批的相關知識文獻，這便是所謂的「吠陀」，其梵文是वेद，轉寫為Veda，意思是知識或啟示。這兩個字幾乎可說是雅利安人所創造文化的代名詞。

《吠陀經》當中最早出現的《梨俱吠陀》[84]，大約成書於西元前二〇〇〇年至西元前一五〇〇年，最初是口耳相傳，後來才抄寫成冊。《梨俱吠陀》及其他三本衍生作品[85]，稱為吠陀本集或四吠陀，內容包含讚頌神的詩歌、祭祀典禮，也記載了一小部分吠陀時期的民俗文化、哲學思想，以及醫療與愛情咒語。而做為吠陀本集附錄的梵書，是以散文寫成，通常是祭司用來說明所屬吠陀本集的重要性與脈絡。而進一步往神祕主義或哲學思想發展的知識，稱為森林書與奧義書，這些是佛教與耆那教出現之前便逐漸發展出來非吠陀思想[86]。不論是吠陀本集、梵書或森林書與奧義書，主要都是吠陀時期完成的著作，皆算是廣義的吠陀經。

吠陀時期結束後，《吠陀經》並沒有失傳。而且為了正確唱誦《吠陀經》，進行祭禮，並且推算祭祀時間，還漸漸發展出跟語音、聲韻、文法、語源、儀禮、天文有關的複雜知識，稱為吠陀支[87]，意思即吠陀的肢體。而其他應用相關知識也在古印度逐漸成形，例如跟武器與軍事有關的達笈魯吠陀[88]、跟音樂與舞蹈有關的乾闥婆吠陀[89]、建築學吠陀[90]，以及跟醫藥有關的阿育吠陀，這些合稱為副吠陀[91]。

---

84 梵文：ऋग्वेद，轉寫rgveda，由歌頌（rc）和知識（veda）兩個字構成

85 除了第一本《梨俱吠陀》，四吠陀還有以頌歌構成的《娑摩吠陀》、著重於宗教儀式的《夜柔吠陀》、以咒語為主的《阿闥婆吠陀》。這三本皆是《梨俱吠陀》的衍生作品

86 森林書與奧義書是吠陀時期的文獻，但是內文已脫離吠陀宗教的基本思想

87 梵文：वेदाङ्ग，轉寫vedanga

88 英文：Dhanurveda

89 英文：Gandharvaveda

90 英文：Sthapatyaveda

91 英文：Upaveda

• 印尼的哇揚皮影戲很多故事題材皆出自印度兩大史詩

文學方面，出現印度兩大史詩《摩訶婆羅多》[92]與《羅摩衍那》[93]，以及涵蓋宇宙、眾神、帝王、英雄、聖人、民間故事、愛情故事的詩歌——《往世書》，有第五吠陀之稱，這些合稱為後吠陀文學[94]。除了影響印度，也影響了東南亞的文化，例如印尼的哇揚皮影戲[95]，很多故事題材皆出自印度兩大史詩。

阿育吠陀梵文是 आयुर्वेद，轉寫為 Ayurveda，其中 Ayur 指生命，veda 意思是知識，合起來可以解釋為生命的知識。

根據阿育吠陀的經典《妙聞本集》[96]記載，阿育吠陀是梵天創造，傳給醫療之神雙馬童，再傳給因陀羅，由他傳給在人間修行的賢人。阿育吠陀又被認為是脫胎自第四本《吠陀經》——《阿闥婆吠陀》[97]中治病的咒語。

不過，阿育吠陀的一些觀念發展時間比《吠陀經》更早，甚至可以追溯到大約西元前六〇〇〇年。最早是口傳，於吠陀時期快速發展，而後誕生了內科醫學著作《遮羅迦本集》[98]與外科醫學著作《妙聞本集》兩部重要的基礎文獻。

阿育吠陀不是吠陀宗教獨立發展出來的一門學問，而是整個古印度的智慧結晶。它影響了印度每個宗教，也受這些宗教影響。近代學者研究，傳統吠陀醫學把持在婆羅門祭司手上，是偏向巫術的宗教醫學；以理性與經驗為基礎的阿育吠陀，主要是透過苦行的醫者所建立，並且在他們的努力下進一步注入古印度的吠陀宗教之中，也影響了佛教醫學。

此外，龍樹菩薩曾經重新整理校訂《妙聞本集》，佛教的興盛也反過來影響了阿育吠陀的發展。而後，隨著印度教與佛教的傳播，還有古代絲路的貿易，阿育吠陀傳到世界各地，影響了西方的草藥醫學、印尼傳統草藥醫學佳木[99]、西藏醫學，還有中醫。

阿育吠陀使用樹皮、葉子、根、花、果、種子製藥，在古老的文獻中就超過七百種植物。本書介紹的佛教植物，絕大多數都是阿育吠陀的藥用植物。

---

92 梵文：महाभारतम，轉寫Mahabharata
93 梵文：रामायण，轉寫Ramayana
94 英文：Post-Vedic literature
95 印尼文：Wayang Kulit
96 梵文：सुश्रुतसंहिता，轉寫Susrutasamhita
97 梵文：अथर्ववेद，轉寫Atharvaveda，由僧侶（atharvan）和知識（veda）兩個字構成
98 梵文：चरक संहिता，轉寫caraka-samhita
99 印尼文：Jamu

阿伽嚧

馬來沉香

《翻譯名義集》：「阿伽嚧。或云惡揭嚕。此云沉香。華嚴云。阿那婆達多池邊。出沉水香。名蓮華藏。其香一圓。如麻子大。若以燒之。香氣普熏閻浮提界。異物誌云，出日南國。欲取當先斫樹壞，著地積久外朽爛，其心堅者，置水則沉，曰沉香。」

沉香木材是非常珍貴的薰香，梵文是अगुरु，轉寫為aguru，音譯做阿伽嚧、阿伽樓、阿竭流或惡揭嚕。該屬有數種，一般來說，馬來沉香是最頂級也最普遍使用的種類。馬來沉香分布廣泛，即使是不同產地的沉香，在植物學上多半是屬於同一種植物。

沉香木材在阿育吠陀中，用於傷口癒合、皮膚病、寄生蟲、咳嗽等疾病。做為中藥材則用於治療胸腹疼痛，胃寒嘔吐。

沉香木材非常昂貴

圖鑑

馬來沉香

木材為頂級且最普遍使用的薰香

學名	科名
Aquilaria malaccensis Lam. / *Aquilaria agallocha* Roxb.	瑞香科 (Thymelaeaceae)

原產地

印度、孟加拉、緬甸、泰國、馬來半島、蘇門答臘、婆羅洲、菲律賓

生育地	海拔高
熱帶雨林、季風林	270 (750) m 以下

形態

大喬木，高可達49公尺。單葉，互生，全緣，尾狀。花白色，細小，具有香氣，繖形花序，與葉片互生。蒴果卵形，內含種子兩枚。

沉香屬的果實成熟會開裂，內有兩枚種子，照片中的植物是中國產的白木香（*Aquilaria sinensis*）

阿盧那香

粗糠柴

或

紅藤仔草

《一切經音義》：「阿盧那跋底香，阿盧那者此云赤色，跋底者有也，或云極也，謂此香極有赤色，堪以染緋色甚鮮明，故因名耳也。」

《翻譯名義集》：「阿樓那，或阿盧那。此云紅赤色香華，如日出前紅赤相。」

阿盧那梵文是अरुण，轉寫為aruna，本意是發紅、紅潤。佛經翻譯做阿盧那、阿樓那、阿留那。可能是大戟科的粗糠柴或茜草科的紅藤仔草，這兩種植物都是做紅色染料的材料，也是熱帶亞洲常見的植物。

阿育吠陀將粗糠柴的樹皮、根、葉子、果實做藥用，用於治療寄生蟲、胃病、皮膚病、傷口癒合、糖尿病；紅藤仔草全株、枝葉與果實則用於血液淨化、皮膚疾病與預防腎結石。

圖鑑

粗糠柴

做紅色染料的材料

學名	科名
Mallotus philippensis (Lam.) Müll. Arg.	大戟科 (Euphorbiaceae)

原產地

印度、中國南部、緬甸、泰國、寮國、柬埔寨、越南、馬來西亞、印尼、新幾內亞、澳洲、菲律賓、蘭嶼、台灣

生育地	海拔高
原始林至次生林林緣或林下、河岸或路旁	0-1600m

形態

喬木，樹幹通直，高可達 25 公尺，基部具板根。單葉，互生，全緣，尾狀，三出脈。幼枝、幼葉和花序皆被褐色星狀毛。單性花，雌雄異株。花細小，穗狀花序頂生或腋生。蒴果三稜，暗紅色。

粗糠柴的橘紅色果實

攝影—王秋美

圖鑑

紅藤仔草

是紅色染料也是阿育吠陀的用藥

學名	科名
Rubia cordifolia L.	茜草科 (Rubiaceae)

原產地

東非、南亞、中國、東南亞、台灣

生育地	海拔高
森林邊緣或空曠地	2600m 以下

形態

草質藤本，單葉，輪生，全緣。花細小，淡黃色或白色，聚繖花序腋生。果實球形。

紅藤仔草的花　攝影｜王秋美

紅藤仔草是熱帶亞洲常見的植物

攝影｜王秋美

紅藤仔草的果實

攝影｜王秋美

阿梨

丁香羅勒

《翻譯名義集》：「阿梨，或云此方無故不翻。其樹似蘭，枝若落時必為七分。」

《佛說大孔雀呪王經》：「頭破作七分，猶蘭香蕱。梵云頞杜迦曼折利，頞杜迦，蘭香也；曼折利，蕱頭也。舊云阿梨樹枝者，既不善本音，復不識其事，故致久迷。然問西方，無阿梨樹也。」

佛經所稱的阿梨，一般認為是指丁香羅勒，梵文是 अर्जक，轉寫為 arjaka。《佛說大孔雀呪王經》進一步說明阿梨是頞杜迦曼折利，頞杜迦可能是音譯自丁香羅勒另一個梵文名稱 एकपत्रिका，轉寫為 ekapatrika，本身就可以指丁香羅勒；曼折利梵文是 मञ्जरी，轉寫為 manjari，意思是新芽或花。

丁香羅勒與羅勒同屬不同種，植株也較為巨大，有七層塔或大本九層塔之稱。主要是供藥用或提煉精油，也可以做香料。

阿育吠陀用其葉與花治療關節炎、痛風、風濕、痔瘡等多種疾病。

圖鑑

丁香羅勒

可供藥用、提煉精油、做香料

學名	科名
Ocimum gratissimum L.	脣形科 (Lamiaceae)

原產地

熱帶非洲、南亞、中南半島

生育地	海拔高
疏林、湖畔或山地森林內受干擾處	0-2400m

形態

亞灌木，高可達3公尺。單葉，十字對生，鋸齒緣。花細小，輪繖花序頂生。堅果細小。

丁香羅勒是亞灌木，可以長得比其他羅勒還高

珂梨羅

兒茶

《一切經音義》：「揭地羅，木蹇孽反，梵語西方堅硬木名也，古譯曰佉陀羅，堪為橛釘也。」

《大智度論》：「三界中眾生，追之不暫離，如珂梨羅剎，是業佛所說。」

《陀羅尼集經》：「佉陀羅木，唐云紫橿木也。」

兒茶的梵文是𑖏𑖟𑖰𑖨，轉寫為khadira。佛經翻譯為珂梨羅、軻地羅、佉陀羅、佉提羅迦，是印度的藥用植物，也是中藥材，還可以做褐色染料。

含有兒茶素等多種化學成分。在阿育吠陀中，使用其樹皮、木材、花、果實、樹脂做藥，治療牙齒疾病、皮膚病、糖尿病等多種疾病。中藥則做為生津化痰、治皮膚潰爛的用藥。又稱孩兒茶、阿仙藥。一九一〇年引進，中南部偶見栽培。

圖鑑

兒茶

印度藥用植物、中藥材，還可以做褐色染料

學名

Senegalia catechu (L.f.) P.J.H.Hurter & Mabb. / *Acacia catechu* (L.) Willd.

科名

豆科 (Leguminosae)

原產地

印度、不丹、尼泊爾、中國西南、緬甸、泰國

生育地

落葉林或山地疏林

海拔高

0-1500m

形態

喬木，高可達 20 公尺，枝條上有勾刺。二回羽狀複葉，互生。花細小，淡黃色，穗狀花序叢生於葉腋。莢果。

兒茶的花與葉

攝影—王秋美

兒茶是大喬木　攝影｜王秋美

奢弭

牧豆樹 或 多刺兒茶

《千手千眼觀世音菩薩治病合藥經》：「若有人等患赤眼者，及眼中有努肉，及有翳者，取奢弭葉。搗綟取汁，呪七遍，浸濱錢一宿更呪七遍，著眼中即差。奢弭葉者，苟杞葉是也。」

奢彌梵文是शमी，轉寫為sami，一般是指牧豆樹，也有學者認為是多刺兒茶，兩種植物都是藥用植物。

在阿育吠陀中，使用牧豆樹的樹皮與果實做藥，治療皮膚病、腹瀉、咳嗽等疾病；多刺兒茶則採用果實或種子做藥，治療蛇咬、性病與腸胃道疾病。

有漢文佛經記載奢彌是枸杞，然而枸杞原產於中國，就植物地理角度來看，不太可能是古印度佛經中說的奢彌。

多刺兒茶在中東地區被當作保護土地沙漠化的重要植物，豆莢可以食用，是飢荒時的救災食物，英文稱為Shami Plant。多刺兒茶的樹脂可以做口香糖或糖果，根的氣味可以驅逐蛇或鱷魚。

不論是牧豆樹或多刺兒茶，應該都不曾引進。這幾年流行栽培的螢之木[100]，因為形態與牧豆樹非常類似，也具有藥用價值，有時會被誤以為是牧豆樹。

100 拉丁學名：*Dichrostachys cinerea*

螢之木與牧豆樹形態十分相似，有時會與牧豆樹混淆　攝影｜王秋美

圖鑑

牧豆樹

古印度佛經裡的奢彌，
樹皮與果實做藥用

學名	科名
Prosopis cineraria (L.) Druce / *Prosopis spicigera* L.	豆科 (Leguminosae)

原產地

阿拉伯半島、伊朗南部、阿富汗、巴基斯坦、印度

生育地	海拔高
乾燥落葉林的次生林，沙漠疏林	0-600m

形態

灌木或小喬木，高可達7公尺。二回羽狀複葉，互生。花綠白色，細小，穗狀花序，腋生。莢果。

螢之木葉片雖然與牧豆樹相似，但是花的顏色卻更為艷麗

攝影—王秋美

圖鑑

多刺兒茶

豆莢可以食用，
是飢荒時的救災食物

學名

Senegalia polyacantha (Willd.) Seigler & Ebinger / *Acacia polyacantha* Willd.

科名

豆科 (Leguminosae)

原產地

熱帶非洲、南亞

生育地

疏林

海拔高

50-1460m

形態

小喬木，高可達 25 公尺，枝條上有勾刺。二回羽狀複葉，互生。花綠白色，細小，穗狀花序叢生葉腋，腋生。莢果。

螢之木和多刺兒茶一樣是豆科植物

攝影—王秋美

賃婆

印度楝

《阿毘達磨俱舍論》：「從賃婆種賃婆果生。其味極苦。」

《俱舍論記》：「賃波太小，如苦練子。」

《一切經音義》：「賃婆果，女鴉反，形如此土苦楝樹也。」

《一切經音義》：「枸奢得子及紝婆子，此等皆梵語，樹名也，其葉苦，可煮為飲，治頭痛疾，即此國苦楝，是苦檀之類也。」

印度楝梵文通常稱 निम्ब，轉寫為nimba，佛經音譯做仟婆、賃婆、紝婆。梵文也稱 ज्येष्ठमलक，轉寫為jyesthamalaka，取其前半段音譯做枸奢得。佛經說它與苦楝[101]形態相似，而且味道極苦，這些描述皆與印度楝相符。

印度楝是一種多用途的植物，其嫩葉可以食用，種子提煉的油可以做驅蟲劑，樹枝可以做牙刷。在阿育吠陀中，整株植物都可做藥，葉子和樹皮可以淨化血液與治療皮膚疾病，花可以治療胃病，還有使用果實、根來治療寄生蟲、發燒、咳嗽、眼睛疾病。桃園、台中等地的泰國商店會進口新鮮的葉與花做為蔬菜食用。中南部有少數栽培。

100 拉丁學名：*Melia azedarach*

圖鑑

印度楝

多用途的植物，可以食用，
可做驅蟲劑、做牙刷、藥用

學名	科名
Azadirachta indica A.Juss.	楝科 (Meliaceae)

原產地

巴基斯坦、印度、斯里蘭卡、尼泊爾、孟加拉、緬甸

生育地	海拔高
常綠低地森林	800m 以下

形態

大喬木，高可達 40 公尺，一般多在 20 公尺左右。一回羽狀複葉，互生，小葉鋸齒緣。花細小，白色，圓錐狀聚繖花序，腋生，下垂。核果橢圓球狀。

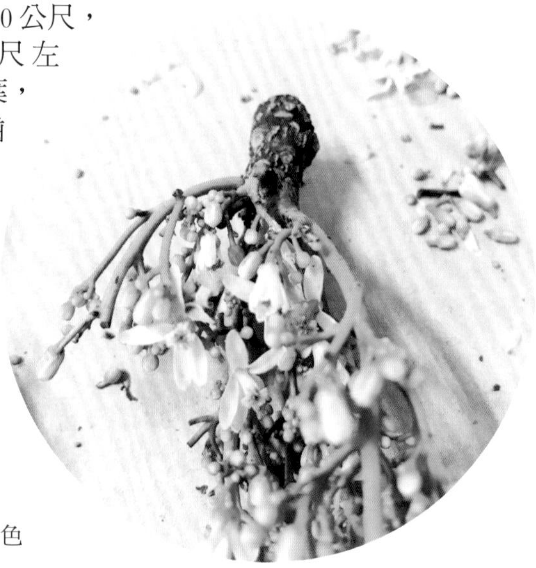

印度楝的花細小，白色

印度楝是佛經中的賃婆

印度楝的花序可以食用

嗢尸羅

香根草

《翻譯名義集》：「嗢尸羅，此云茅香根。」
《一切經音義》：「烏施羅末，草名也，形如此土細辛，其體極冷。」

香根草梵文是उशीर，轉寫為usira，佛經音譯為嗢尸羅、優尸羅、烏施羅，也稱為飲第篦。其根具有香味，可以提煉精油，也可以做香水，又常被稱為岩蘭草。阿育吠陀使用它的根與植物油做藥，治療腸胃疾病與皮膚病；另外還用於治療感冒、肝病、腎結石、失眠、虛弱等多種疾病。

由於是重要的精油作物，除了原產地，熱帶非洲、美洲、澳洲皆普遍栽培。雖然不曾引進，卻很容易買到香根草的相關產品。

圖鑑

香根草

其根具有香味，又常被稱為岩蘭草

學名

Chrysopogon zizanioides (L.) *Roberty* / *Vetiveria zizanioides* (L.) Nash / *Andropogon muricatum* Retz.

科名

禾本科 (Poaceae)

原產地

巴基斯坦、印度、斯里蘭卡、緬甸、泰國

生育地

河岸或水邊

海拔高

2500m 以下

形態

禾草，高可達 2.5 公尺。單葉，細長，叢生莖頂。花細小，圓錐花序。穎果。

香根草的葉片細長，通常生長於河岸

伊師迦

甜根子草

《一切經音義》：「伊師迦草，此云虗醫河西法師云此草外耎內虗也。」

《瑜伽師地論略纂》：「伊師迦者，西方二釋：一近王舍城，有高大山，堅硬常住，我等亦爾；或復有草，名伊師迦，體性堅實，故喻我等。」

甜根子草梵文是इषीका，轉寫為isika，音譯做伊師迦，因為莖桿堅實，又譯為堅蘆，是甘蔗屬植物，去皮的莖甘甜，可替代甘蔗。

在阿育吠陀中，甜根子草的根或全株植物，可治療腎結石、呼吸系統及婦女疾病。

除了食用或藥用，莖葉可做為牧草，或蓋茅草屋，花軸在古代曾做為油燈的燈心，是多用途的民俗植物。廣泛分布於熱帶非洲與亞洲，全島低海拔亦普遍可見，通常生長於河岸沙地。深秋時大面積開花，十分壯觀。

圖鑑

甜根子草

莖甘甜，可替代甘蔗，
通常生長於河岸

學名	科名
Saccharum spontaneum L.	禾本科 (Poaceae)

原產地

舊熱帶廣泛分布，台灣亦有

生育地	海拔高
河岸或沼澤溼地旁	0-1700m

形態

禾草，莖桿直立，高可達 1.5 公尺。單葉，細長，叢生莖頂。花細小，圓錐花序。穎果。

甜根子草通常生長於水邊，開白花

甜根子草常長滿河岸，秋天時開花十分壯觀

甜根子草是高大的禾草

伊蘭

蓖麻

《翻譯名義集》：「伊蘭。觀佛三昧海經云，譬如伊蘭與旃檀，生末利山中。牛頭旃檀，生伊蘭叢中，未及長大，在地下時，牙莖枝葉，如閻浮提竹筍。眾人不知，言此山中純是伊蘭，無有旃檀。而伊蘭臭，臭若膖屍熏四十由旬。其華紅色，甚可愛樂。若有食者，發狂而死。牛頭旃檀，雖生此林，未成就故，不能發香。仲秋月滿，卒從地生，成旃檀樹，眾人皆聞牛頭旃檀上妙之香，永無伊蘭臭惡之氣。」

蓖麻梵文是एरण्ड、एरण्डक或एरण्डपत्रक，分別轉寫為eranda、erandaka、erandapattraka，佛經中稱為伊蘭。

全株有毒，但是可以做為藥用，在阿育吠陀中，其樹皮、樹根、葉子、種子皆有入藥，治療關節炎、神經系統疾病、便祕、寄生蟲等。

此外，種子可以榨油，做工業用油，一戰的飛機大量使用蓖麻油做為內燃機的潤滑劑。大約一六四五年由荷蘭人引進。

圖鑑

蓖麻

種子可以榨油，做工業用油與潤滑劑

學名	科名
Ricinus communis L.	大戟科 (Euphorbiaceae)

原產地

可能是非洲或南亞，廣泛歸化全世界熱帶地區

生育地	海拔高
荒地、河岸	3000m 以下

形態

灌木，高可達 12 公尺。單葉，互生，掌狀，鋸齒緣。單性花，雌雄同株，花細小，雄花在花序下部，雌花在花序上部，總狀花序頂生或腋生。蒴果表面有棘刺。

蓖麻經常長在河岸的荒地

蓖麻蒴果表面有棘刺

紅蓖麻葉子呈暗紅色，十分美麗

七

餐桌上的天竺

佛經中的食物或香料

我們總以為印度影響世界的料理是咖哩，
其實印度對現在餐桌的影響，遠遠不只如此。
除了黃瓜、胡椒、茄子、薑是來自印度，
佛經中也可以找到不少天竺的痕跡。

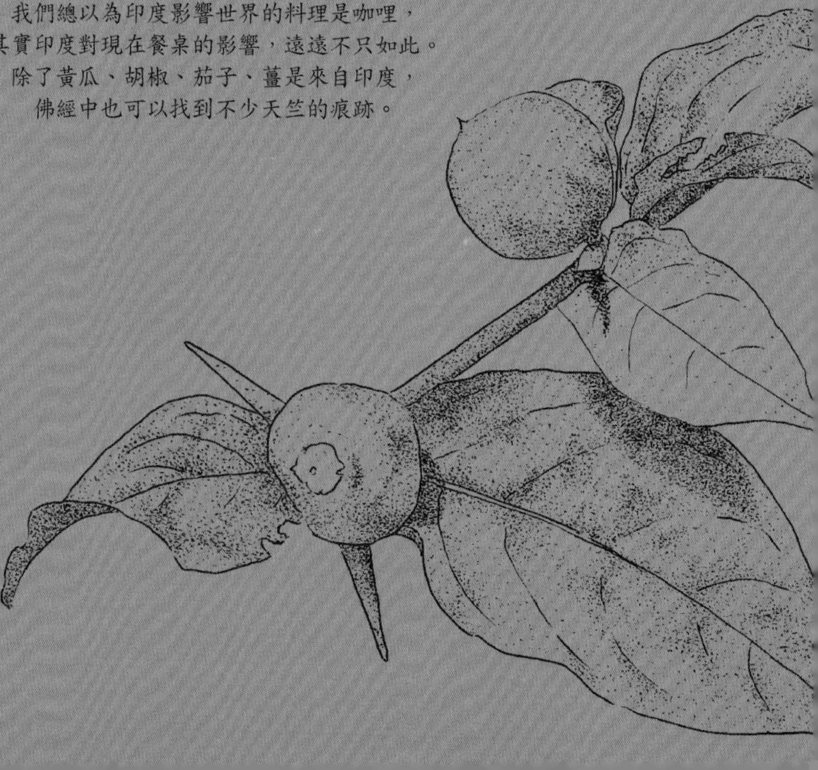

張騫通西域是大家既熟悉又陌生的一段歷史。熟悉的是大家都知道這事件，陌生的是張騫通西域後，有許多原產於印度或中亞、西亞的植物被引進東亞。

張騫是中國西漢時期的外交官暨探險家。奉漢武帝之命，西元前一三九年出使西域，兩次被匈奴軍隊俘擄，歷時十三年才回到首都長安覆命，成功開拓了絲綢之路，帶回大量資料，被漢武帝封為博望侯。

張騫通西域後，許多原本東亞沒有的作物陸續被引進。包含我們熟悉的葡萄、核桃、石榴、芝麻、蠶豆、苜蓿、大蒜、香菜、胡蘿蔔、菠菜、西瓜等，主要來自中亞或西亞。印度原產的作物則有黃瓜、胡椒、茄子、薑、棉花。

如果「哥倫布大交換」是新世界與舊世界動植物的交換，那絲路開通或許可以視為舊世界東西方植物的大交換。這次交換的植物，名稱冠上了「胡」字，而「哥倫布大交換」後新世界來的植物，則冠上了「番」字。

例如核桃又稱為胡桃、芝麻又稱為胡麻、蠶豆又稱為胡豆、大蒜又稱為胡蒜、香菜又稱為胡荽、黃瓜就是胡瓜，還有胡蘿蔔；而西瓜是來自西方的瓜，菠菜原本寫做波菜，是指波斯來的菜。這些作物，都經由絲路傳遍東西方。

而番茄、番石榴、番荔枝、番椒（辣椒）、番藷、番麥（玉米）、番木瓜，這些名字裡有「番」字的，則是美洲大陸原產的植物。名稱，透露了植物的來歷。

不過，有時候某些植物引進時間久了，往往會讓我們誤以為它們是土生土長，因而有土芒果、土鳳梨、土芭樂等稱呼出現。其實這些都不是東亞原生植物，鳳梨與芭樂自美洲飄洋過海而來，芒果則是道地的印度風味。

我們總以為印度影響世界的料理是咖哩，其實印度對現在餐桌的影響，遠遠不只如此。

除了前面提到的黃瓜、胡椒、茄子、薑是來自印度，佛經中也可以找到不少天竺的痕跡。甚至原產於中亞、西亞的植物，進入印度的時間都可能早於引進中國，因此還必須從梵文音譯這些植物。

除了前面幾章中介紹的肯氏蒲桃、香欖、長葉馬府油樹、羅望子、油柑、紅棗、象橘、辣木、可可椰子、扇椰子，第二部將介紹的芒果、訶黎勒、波羅蜜、紅瓜、檳榔、荖藤等可以食用的蔬果，佛經中還記載許多我們熟悉或不熟悉的可食用植物或香料，例如椰棗、胡桃、石榴、木敦果、胡椒、芝麻、薑黃、番紅花、甘蔗等。如果仔細看拉丁學名，甚至會發現芒果、羅望子、芝麻的種小名都是印度。

《大唐西域記》記載：「詳夫天竺之稱。異議糾紛。舊云身毒。或曰賢豆。今從正音。宜云印度。」中國古代稱印度為天竺或身毒，專家研究是輾轉從波斯語而來，直到玄奘至印度取經後，才正音為印度。

印度是世界四大文明古國之一，位在東西方之間的區域，發展出它獨特的宗教與文化。西元前三世紀，阿育王將佛教輸出；到了大航海時代，英國則讓「咖哩」一詞成為印度的代名詞。那些源自印度的蔬果與香料植物，或許就如同咖哩一樣，雖然看不清楚，卻早已融入在我們生活之中。

朅樹羅

椰棗

《一切經音義》：「朅樹羅，上騫謁反，梵語西國樹名，此國無也。」

椰棗梵文是，轉寫為kharjura，佛經稱渴樹羅或朅樹羅。果實可以生食、乾燥後食用或釀酒，印度河流域與中東地區自古就有栽培。

其果實與髓心可做為阿育吠陀用藥，治療前列腺腫大、眩暈與女性疾病。中南部也有不少果樹玩家栽培。

椰棗是棕櫚科植物

圖鑑

椰棗

果實可生食、釀酒、藥用

學名

Phoenix dactylifera L.

科名

棕櫚科 (Palmae)

原產地

可能是中東地區

生育地

野外生育環境不詳

海拔高

1500m 以下

形態

喬木，高可達 40 公尺。一回羽狀複葉叢生莖頂。單性花，雌雄異株。核果。

椰棗的雄花序

椰棗果實通常是乾燥後食用

日本才稱播囉師

胡桃

《翻譯名義集》：「播囉師。此云胡桃。」

《一切經音義》：「博物志云，張騫使西域還，得安石榴、胡桃、蒲桃。」

《本草圖譜》六十三卷〈果部・名疏〉：「胡桃、ヱヌム、子シロ、タクチムス、ヌキスイュグランす、核果、蝦蟆、阿乞朝囉、播囉師木、くるみ、ヱヌム、子シロ、タクチムヌ。」（此日文書非佛經）

核桃又稱胡桃，梵文是पार्वतीय，轉寫為parvatiya，在日本佛經中音譯做播囉師、播囉史，梵文也稱अक्षोट，轉寫為aksota，音譯做阿乞朝囉。漢文佛經通常直接稱胡桃。因為是張騫通西域後才引進東亞的堅果，所以稱之為「胡」桃。

胡桃今日已經是非常普遍的堅果

圖鑑

胡桃

張騫通西域後引進東亞的堅果

學名	科名
Juglans regia L.	胡桃科 (Juglandaceae)

原產地

巴爾幹半島、中亞至南亞北部

生育地	海拔高
落葉森林	1000-2000m

形態

喬木，高可達 35 公尺。一回羽狀複葉，對生或近對生，小葉全緣或鋸齒緣。單性花，雌雄同株，穗狀花序腋生。核果。

胡桃成熟後果實會自己裂開，種子就是胡桃　攝影—董景生

破除魔障吉祥果

石榴

《訶利帝母真言經》：「以左手懷中抱一孩子，於右手中持吉祥果。」

《大唐西域記》：「石榴、甘橘諸國皆樹。」

石榴梵文是दालिम，轉寫為dalima。佛經有一說認為石榴是吉祥果，可以破除魔障。因為與消災有關，所以有「鬼怖木」之稱。它開花少，結果多，比喻「因行少而得大果」。

除了做為水果，石榴也是阿育吠陀植物，樹皮、樹根、葉子、花、果實都可做藥，治療眼睛、心臟方面疾病，以及發燒、水腫、貧血、寄生蟲。早在一八二〇年便引進，低海拔地區已普遍歸化。

石榴的葉片細小，枝條有刺

圖鑑

石榴

佛經裡的吉祥果，可破除魔障

學名	科名
Punica granatum L.	千屈菜科 (Lythraceae)

原產地

伊朗至印度西北

生育地	海拔高
廣泛歸化世界各地	2700m 以下

形態

灌木或小喬木，高可達10公尺，但通常在5公尺以下。老枝有刺。單葉，對生，全緣。花橘紅色，單生或數朵叢生於莖頂。果實近球形。

石榴的果實

准提菩薩俱緣果

枸櫞

《佛說七俱胝佛母准提大明陀羅尼經》：「第五手把微若布羅迦果，漢言子滿果，此間無，西國有。」

《七俱胝佛母所說准提陀羅尼經》：「第五手掌俱緣果。」

枸櫞的梵文是बीजपूरक，轉寫為bijapuraka。相傳是准提菩薩第五手臂所持之物，音譯做微若布羅迦果，也有說是俱緣果或子滿果。它是古老的柑橘類植物，也是檸檬育種的親本之一，佛手柑為其變種。

其樹皮、樹葉、果實是阿育吠陀用藥，治療坐骨神經痛、腰痛、關節炎，以及腸胃方面疾病。

准提菩薩手上的果實微若布羅迦果就是枸櫞

圖鑑

枸櫞

相傳是准提菩薩第五手臂所持之物

學名	科名
Citrus medica L.	芸香科 (Rutaceae)

原產地

可能是印度

生育地	海拔高
野外生長情況不詳	不詳

形態

灌木或小喬木，高可達 4 公尺，枝條上有硬刺。單葉，互生，鋸齒緣。花白色，泛紫紅色，叢生於葉腋。柑果長橢圓形，表皮有不規則突起。

佛手柑是枸櫞的變種

攝影｜王秋美

三位一體 比羅果

木敦果

《一切經音義》：「羅婆果，梵語也，亦云頻螺果，或言避羅果，皆訛也。果形金色，如甘子大，西國祠天多用此木作幢，莊嚴供養也。」

木敦果在泰皇的加冕儀式中有出現過。其三出複葉在印度教中象徵三相神三位一體、濕婆神的三叉戟。梵文是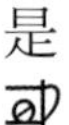，轉寫為 bilva，音譯為頻螺、比羅果、毘羅婆、毘利婆、避羅樹、必立皤。除了果實可以食用，在阿育吠陀中，其樹葉、樹根、花、果實可以做藥，治療神經系統與腸胃道等疾病。

木敦果跟第五章介紹的象橘英文俗名都是 wood apple，所以有時也被稱為木蘋果；也有將其英文 bael 翻譯做貝兒果，或將英文 Bengal quince 翻譯做孟加拉木瓜或孟加拉榲桲[102]。最早於一九三七年引進，早期稱為硬皮橘。

102 Quince是指薔薇科的榲桲（*Cydonia oblonga*），又稱木梨。此處的木瓜，是指薔薇科的木瓜海棠（*Pseudocydonia sinensis*），英文是Chinese quince

圖鑑

木敦果

三出複葉在印度教中，象徵三相神三位一體、
濕婆神的三叉戟

學名	科名
Aegle marmelos (L.) Corrêa	芸香科 (Rutaceae)

原產地

印度、尼泊爾、孟加拉、中國南部、中南半島

生育地	海拔高
乾燥森林或龍腦香林	0-1200m

形態

喬木，高可達 20 公尺，小枝有長刺。三出複葉，小葉鋸齒緣或全緣，新葉暗紅色。花綠白色，複聚繖花序或總狀花序，腋生。漿果球形，成熟時黃色，果皮極硬。

木敦果的果實可以泡茶喝

木敦果的三出複葉

令人醉悶末達那

刺瓊梅

《一切經音義》：「末達那果，梵語西國果名也，此國無。其果大如檳榔，食之令人醉悶，亦名醉人果，堪入藥用也。」

刺瓊梅的梵文是मदन，轉寫為madana。佛經音譯做末達那、摩陀那、摩達那、摩陀羅、醉果。果實可以生食。在阿育吠陀中，葉子與果實可做藥用。

刺瓊梅雖不曾被引進，但是科博館熱帶雨林溫室與下坪熱帶植物園有栽培與刺瓊梅非常相似的植物圓滑果。有沒有刺是兩種植物的主要差別。

圓滑果（*Vangueria madagascariensis*）是刺瓊梅的近緣植物，形態與之相似

圖鑑

刺瓊梅

果實大如檳榔，可食可藥用

學名	科名
Meyna spinosa Roxb. ex Link / *Vangueria spinosa* (Roxb. ex Link) Roxb.	茜草科 (Rubiaceae)

原產地

印度、孟加拉、尼泊爾、緬甸、泰國、寮國、柬埔寨、越南

生育地	海拔高
落葉林	低海拔

形態

灌木，高可達5公尺，枝條有刺。單葉，對生，全緣。花綠白色，聚繖花序腋生。果實為漿果，球形。

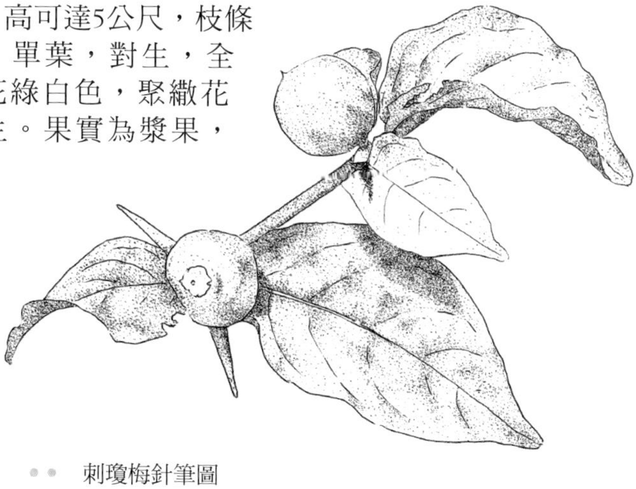

刺瓊梅針筆圖

末栗者

胡椒

《根本說一切有部百一羯磨》：「佛言有五種果：一、呵梨得枳，舊云呵梨勒訛；二、毘鞞得迦，舊云鞞醯勒者訛也；三、菴摩洛迦；四、末栗者，即胡椒也；五、蓽茇利，即蒟醬也，舊云蓽茇類也。此之五果若時非時，若病無病，並隨意食。」

佛經《根本說一切有部百一羯磨》中所述五果，前三種是「三勒」，將於第八章介紹。末栗者是胡椒，梵文是 मरिच，轉寫為 marica，佛經稱末栗者或摩哩者。第五種蓽茇利應該是指長胡椒，梵文是 पिप्पलि，轉寫為 pippali。古代中文通常直接音譯做蓽茇或蓽撥，英文則稱為 pepper，應該不是文中說的蒟醬。因為蒟醬是荖藤，佛經通常音譯為擔步羅或瞻步羅，於第十三章介紹。長胡椒果實與胡椒十分類似，後來漸漸被胡椒取代而較少使用。

胡椒是全世界廣泛使用的香料，也是阿育吠陀藥用植物，其根、葉、種子皆可入藥，治療腸胃疾病、神經系統疾病、魚類與蕈類中毒、咳嗽、痔瘡、皮膚病等，範圍非常廣泛。於一九三七年便引進栽植，花市偶爾也可以看到胡椒盆栽。

圖鑑

胡椒

全世界廣泛使用的香料，
也是阿育吠陀藥用植物

學名	科名
Piper nigrum L.	胡椒科 (Piperaceae)

原產地

印度西高止

生育地	海拔高
熱帶森林	0 500m

形態

藤本，莖的每一節都會發根，著生於樹上。單葉，互生，全緣。肉穗狀花序與葉對生。核果球形。

胡椒果實成串

苣藤
子勘為油

芝麻

《翻譯名義集》卷三：「苣藤，胡麻也。又云此方無故不翻，或翻龍舐花。其草形如大麻，赤花青葉，子堪為油，亦堪為香。」

芝麻是非常古老的榨油植物，因為是張騫通西域後自西亞引進，古代稱為「胡麻」，又稱為巨勝、方莖、油麻、脂麻，芝麻原是脂麻的錯字。梵文是[illegible]，轉寫為 tila。

其種子細小而多，佛教用它來比喻諸佛微細、遍滿，而且無數。除了榨油，也可做香料。其莖、葉、種子、油都是阿育吠陀用藥，治療膀胱、腸胃、神經系統方面疾病、頭蝨。用途十分廣泛。

芝麻的花　攝影｜王秋美

圖鑑

芝麻

種子細小而多，
佛教用它來比喻諸佛微細、遍滿、無數

學名
Sesamum indicum L.

科名
胡麻科 (Pedaliaceae)

原產地
可能是印度或北非

生育地
野外生長情況不詳

海拔高
1500m 以下

形態
一年生直立草本，高可達1公尺，莖四稜。單葉，下端對生，上端互生，全緣或鋸齒緣。花白色或淡紫色，單生於葉腋。蒴果圓柱狀。

芝麻的蒴果 攝影｜王秋美

多摩羅跋香

印度肉桂

《一切經音義》：「多摩羅跋香，此云藿葉香。」

《翻譯名義集》：「多阿摩羅跋陀羅，多此云性；阿摩羅，此云無垢；跋陀羅，此云賢，或云藿葉香，或云赤銅葉。」

多摩羅跋或多阿摩羅跋陀羅，梵文是 तमालपत्र，轉寫為 tamalapattra，可以指印度肉桂或金絲桃科的蛋樹[103]。不過多摩羅跋是香，所以排除蛋樹。而且這個字再拆開，後半段 पत्र，轉寫為 pattra，意思是葉子。前半段 तमाल，轉寫為 tamala，正是印度肉桂的拉丁文種小名。印度肉桂梵文也稱 पत्रक，轉寫為 pattraka，音譯做跋陀羅。古代稱藿葉香、赤銅葉，中國則稱之為柴桂。佛學大辭典將跋陀羅和婆吒羅搞混，婆吒羅是第四章介紹的波吒釐樹，而非印度肉桂。另外也要特別注意，不要跟脣形科的藿香[104]搞混。

肉桂是世界知名香料，來源包含數種肉桂屬植物，例如較常使用的中國肉桂[105]、錫蘭肉桂[106]，還有印度肉桂、印尼肉桂[107]等。除了做香料，亦可提煉精油。在阿育吠陀中，其葉子、樹皮可做藥用，治療腸胃疾病、感冒，以及子宮方面的問題。

103 拉丁學名：*Garcinia xanthochymus*

104 拉丁學名：*Agastache rugosa*

105 拉丁學名：*Cinnamomum cassia*

106 拉丁學名：*Cinnamomum verum*

107 拉丁學名：*Cinnamomum burmannii*

圖鑑

印度肉桂

古代稱藿葉香、赤銅葉，可做香料、提煉精油

學名	科名
Cinnamomum tamala (Buch.-Ham.) T. Nees & Nees	樟科 (Lauraceae)

原產地

印度、不丹、尼泊爾、中國雲南

生育地	海拔高
常綠闊葉林	1100-2000m

形態

喬木，高可達20公尺。單葉，互生或近對生，全緣，三出脈。花細小，淡黃色，圓錐狀聚繖花序，頂生或腋生。核果橢圓球形。

肉桂香料主要使用它的樹皮

肉桂屬的葉片是三出脈，照片為印尼肉桂

呵梨陀

薑黃

《四分律疏》：「呵梨陀者，翻云黃薑，今律文胡漢並彰，故曰也。」

薑黃在佛經中稱為呵梨陀，梵文是हरिद्रा，轉寫為haridra，是栽培歷史久遠的藥用植物，也是咖哩中十分重要的香料。咖哩的黃色即是來自薑黃塊莖的顏色。

在阿育吠陀中，使用其塊莖治療腸胃、支氣管、皮膚等方面的疾病。

薑黃花也是祭祀重要的用花

圖鑑

薑黃

咖哩中的重要香料與黃色來源

學名

Curcuma longa L. /
Curcurma domestica Valeton

科名

薑科 (Zingiberaceae)

原產地

可能是印度或東南亞

生育地

不詳

海拔高

0-2000m

形態

多年生草本，植株高可逾1公尺。塊莖圓柱狀。單葉，互生，全緣，基部鞘狀，直接生於塊莖之上。秋天開花，穗狀花序直立，基部苞片綠色，末梢苞片白色，先端紫紅色。蒴果球形。

薑黃塊莖是咖哩的顏色來源

荼矩磨

番紅花

《翻譯名義集》：「荼矩磨，此云鬱金。周禮春官，鬱人采取以鬯酒。說文云，鬱金草之華，遠方所貢芳物。鬱人合而釀之，以降神也，宗廟用之。」

佛經記載的鬱金或鬱金香，梵文是𑖎𑖲𑖒𑖿𑖎𑖲𑖦，轉寫為kunkuma，音譯為荼矩磨、共矩麼。根據近代考證，它應該不是指薑科的鬱金[108]，也不是荷蘭栽培的鬱金香[109]，最可能是番紅花。根據《唐會要》卷一百記載：「伽毘國獻鬱金香。葉似麥門冬。九月花開。狀如芙蓉。其色紫碧。香聞數十步。華而不實。欲種取其根。」不論葉子形態、花期、花色，開花不結果等特徵，都與番紅花相符合。

番紅花又稱藏紅花，其暗紅色的雌蕊是全世界最名貴的香料。阿育吠陀中，用於改善皮膚暗沉，治療呼吸道、心臟、男女生殖系統方面的問題，以及關節炎。

108 拉丁學名：*Curcuma aromatica*，與薑黃同屬

109 拉丁學名：*Tulipa* sp.，百合科

圖鑑

番紅花

全世界最名貴的香料

學名	科名
Crocus sativus L.	鳶尾科 (Iridaceae)

原產地

可能是伊朗

生育地	海拔高
野外生育環境不詳	不詳

形態

多年生草本，球莖扁球形。葉細長，叢生莖頂。花莖短，花紫色，柱頭暗紅色，雄蕊黃色。蒴果長圓形，具三鈍棱。做香料部分為柱頭。

番紅花十分美麗

攝影—阿草伯 許榮輝

第二部

從《漢聲小百科》與《小牛頓》雜誌出發

——植物園與佛教植物

八

金平亮三的願望

台北植物園

台北植物園裡的佛教植物，
並不是憑空出現，一切其來有自。
台北植物園裡幾種佛教植物，
如惡叉聚、尼拘陀、優曇華，
都是為林學研究奠定基礎的金平亮三所引進。

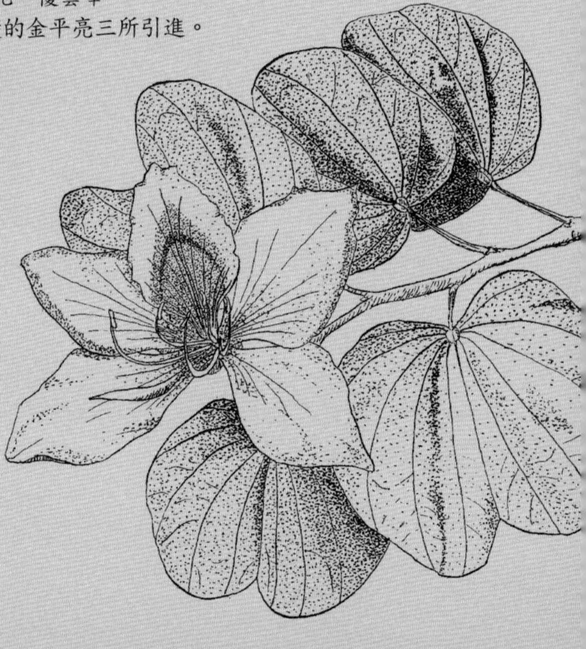

韓韓作〈植物園就在你身邊〉：「台北市的喧囂走到南海路，似乎就收斂多了。」我想這篇小學課文選讀的文章，讓許多人對台北植物園印象深刻吧！

上小學時，母親買了全套的《漢聲小百科》給我，至今我仍愛不釋手。這套書裡介紹了各領域的知識，也帶著我認識了非常多的地方。從北部的野柳、關渡紅樹林、紅毛城、郵政博物館、台北植物園，一直到南部的黃蝶翠谷、墾丁國家公園。高中開始，我逐步探訪這些地點，最後幾乎到達了全島所有鄉鎮。

本島很多地方都很美，或是自然景觀，或是古蹟名勝，讓我不斷重複前往。雖然多數時候，這些地點都是我一個人靜靜去、悄悄探訪、默默留下了照片與足跡。但是，好多地方，都成為後來我寫書的養分。即使跟植物沒有太多關係，我還是把它們偷偷寫到了書裡。

在書籍與雜誌上提到的眾多地點中，植物園，特別是台北植物園，是我從小嚮往的植物聖地，也是我在台北念書、工作時，最常一個人待著的地方。猶記得《漢聲小百科》中，六月十五日以〈到植物園賞荷去〉為題，介紹植物園的荷花池與池中生物。這是我第一次從書本認識這座植物園。而後，一九九二年九月出刊的《小牛頓》雜誌一〇三期更是長篇介紹了台北植物園，說明植物園的分區，以及各區的植物。這一書一雜誌深深吸引著我，聯手架構了我心中最崇高的植物殿堂。

• 台北植物園的荷花池

• 鳥瞰台北植物園，彷彿一座森林

這些年即使回到台中工作，只要到台北出差，我幾乎都會往台北植物園跑，繼續觀察植物，感受這些生命的呼吸與脈動。

台北植物園樹木高聳茂密，常被戲稱是台北真正的森林公園，其面積約八點二公頃，前身是一八九六年成立的「台灣總督府殖產局附屬苗圃」。最初面積僅五公頃，由官方與民間共同協力蒐集熱帶植物。一九〇〇年，台灣總督府於台北植物園現址購地闢建，改稱「台北苗圃」。一九〇五年，台北苗圃開始規劃分區，除苗圃外，還設果樹、花卉等區，初具植物園規模。一九二一年，第一座植物園正式成立，開始至世界各地蒐集植物。一九三〇年代，園內栽培植物已達一千一百二十種。

在《小牛頓》雜誌出刊時期，台北植物園的分區，還是以植物分類學的角度，以科屬來劃分。二〇〇〇年起，植物園依循潘富俊的規劃，陸續拆除欄杆，鋪設步道，並設置多元主題區，因而有了十二生肖植物、成語植物、詩經植物、民俗植物、多肉植物、水生植物、蕨類植物等新的分區出現。二〇〇三年整體設計完成，台北植物園正式出現佛經植物區。後來董景生博士擔任台北植物園園長期間，重新整理，與南門町三二三的日式木構造建築及枯山水庭園整合，並於二〇一五年將佛經植物區改成佛教植物區。這是全台唯一設置佛教植物區的植物園。

不過，台北植物園裡的佛教植物，並不是憑空出現，一切其來有自。園裡的幾種佛教植物，如惡叉聚、尼拘陀、優曇華，都是為林學研究奠定基礎的金平亮三所引進。金平亮三於一九〇九年來台擔任技師。一九一一年殖產局林業試驗場[110]成立，金平亮三擔任林業試驗場主事，一九一九年升任林業試驗場場長。他在台期間，除了研究植物、講學、出版《台灣樹木誌》，也曾於一九一三年及一九二一年兩度到南洋考察，採集兩千多種植物，豐富林試所標本館館藏，同時也引進數種植物。

當時研究佛教、探訪佛教聖地，乃至於栽培佛教植物，在日本蔚為風潮。金平亮三雖然是基督徒，在台期間仍引進並栽培多種佛教植物於台北植物園。今日台北植物園能夠觀察到數種佛教植物，並規劃佛教植物區，或許可算是以另類的方式，圓了金平亮三的願望。

包含金平亮三引進並栽培於佛教植物區的幾棵大樹，台北植物園可以見到的佛教植物包含菩提樹、無憂樹、黑板樹、卡鄧柏木、肯氏蒲桃、刺桐、荷花、香欖、金玉蘭、大葉合歡、羅望子、檀香、貝羅里加欖仁、優曇華、扇椰子、孟加拉榕、芒果、波羅蜜、木棉花、槭葉翅子木、阿勃勒、無患子、羊蹄甲、山馬茶、薑黃等。

台北植物園在不同時期有不同的使命，園區規劃也隨著時代變遷而有所不同。當初金平亮三栽培佛教植物是刻意也好，是偶然也罷，隨著每一棵樹而種下的因，在數十年後終成為佛教植物區誕生的果。

---

110 殖產局林業試驗場為今日林業試驗所前身

《太平廣記》記名酒三勒漿

貝羅里加欖仁

《一切經音義》：「毘醯勒：馨奚反，西方果樹名也，今毘梨勒是也。」

《太平廣記》卷第二百三十三〈酒・酒名〉：「三勒漿，其法出波斯。三勒者，謂菴摩勒、毘黎勒、訶黎勒。」

貝羅里加欖仁樹是台北植物園取的名稱，它其實有一個更古老的名字，叫做毗黎勒，或寫做毘黎勒，自古就是印度重要的藥用植物，在佛經中有諸多記載。

《一切經音義》：「毘醯勒：馨奚反，西方果樹名也，今毘梨勒是也。」北宋時期，宋太宗於九七七年命李昉等十二人編著、九八四年完成的《太平廣記》卷第二百三十三〈酒・酒名〉：「三勒漿，其法出波斯。三勒者，謂菴摩勒、毘黎勒、訶黎勒。」三個勒都是音譯自梵文，菴摩勒梵文是 आमलक，轉寫為 Amalaka，是第五章介紹的油柑；訶黎勒梵文是 हरीतकी 或 हरितकी，轉寫都是 haritaki，將於第十章介紹；毘黎勒梵文是 विभीतक，轉寫為 vibhitaka，或做 वहेदक，轉寫為

vahedaka，也可做 बहेटक ，轉寫為 bahetaka，佛經上有很多不同的翻譯，如毘醯勒、鞞醯勒、毘梨勒、毘鞞得迦、尾吠怛迦。

舊的文獻資料中，皆沒有提到貝羅里加欖仁。因為一九一五年曾引進澳洲欖仁[111]，而台北植物園曾將貝羅里加欖仁的照片誤植於澳洲欖仁的網頁上，使得很多介紹植物的網站或部落格，常把這棵樹當作澳洲欖仁。其實兩種欖仁葉形差很多，花幾分鐘用拉丁學名查詢一下，就會發現錯誤了。

貝羅里加欖仁葉子可以當牛飼料；果實可食，亦可供藥用；種子有毒，不可多吃，不過可以榨油做生質能源或藥膏。在阿育吠陀，其樹皮、果實、種子與油可做藥，治療風濕、失眠、皮膚、眼睛、神經系統等多種疾病。

原產於印度至中南半島，引進的紀錄已經遺失，應該是日治時期引進，號稱全台唯一一株，栽培於台北植物園荷花池畔對面的半圓形小廣場一隅。近年來資訊發達，中南部也有種苗業者或民眾再度引進。

---

111 拉丁學名：*Terminalia muelleri*

圖鑑

貝羅里加欖仁樹

印度自古重要的藥用植物毘黎勒

學名	科名
Terminalia bellirica (Gaertn.) Roxb.	使君子科 (Combretaceae)

原產地

印度、斯里蘭卡、孟加拉、不丹、尼泊爾、中國雲南、緬甸、泰國、寮國、越南、馬來西亞、印尼

生育地	海拔高
常綠至半常綠森林	1400m 以下

形態

大喬木，樹幹通直，高可達50公尺。單葉，全緣，簇生於枝條先端或螺旋排列，春天會換葉，新葉暗紅色。花細小，穗狀花序腋生，下垂。核果卵形，五稜。

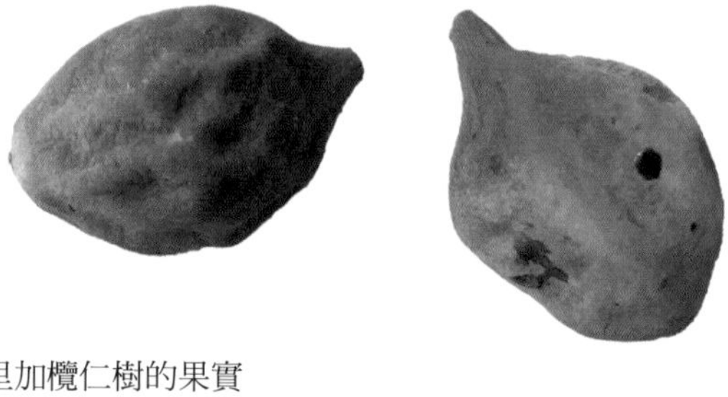

●● 貝羅里加欖仁樹的果實

台北植物園栽種的貝羅里加欖仁樹，春天吐新芽呈紅色，十分美麗

千年只待曇華現

優曇華

《一切經音義》：「烏曇跋羅，梵語花名，舊云優曇波羅花，或云優曇婆羅花。葉似梨，果大如拳，其味甜，無花而結子。亦有花而難值，故經中以喻希有者也。」

《法華文句記》：「優曇華者。新云鄔曇鉢羅。翻為瑞應。金輪王出大海減少。金輪路現此華乃生。作金輪王之先兆也。」

成語「曇花一現」的主角，是一種稱為「優曇華」的植物。優曇華梵文是उदुम्बर，轉寫為udumbara，是佛教與印度教的聖樹。

在印度教的信仰中，優曇華是國王用的木頭，也是三相神的座位。因此泰皇加冕儀式中，特別使用優曇華造了王座。

佛教傳說中，優曇華是三千年才開一次的花，是金輪法王出現的前兆。從《一切經音義》的描述文字可知，最開始譯為烏曇跋羅或優曇婆羅，後來才簡化成優曇華。它不是沒有花，而是難得一見。所以被認為是稀有的象徵。

除了《一切經音義》，還有很多佛教經典都有解釋優曇華這種植物。唐朝湛然法師大約在七七五年成書的《法華文句記》記載：「優曇華者。新云鄔曇鉢羅。翻為瑞應。金輪王出大海減少。金輪路現此華乃牛。作金輪王之先兆也。」一九二二年丁福保編著的《佛學大辭典》在「優曇華」詞條原文：「即優曇。亦名優曇鉢華。按此花為無花果類。產於喜馬拉雅山麓及德干高原，錫蘭等處。幹高丈餘。葉有二種：一平滑，一麤糙。皆長四、五寸，端尖，雌雄異花，甚細，隱於壺狀凹陷之花托中。常誤以為隱花植物。花托大如拳，或如拇指，十餘聚生。可食而味劣，世稱三千年開化一度。值佛出世始開。南史曰：『優曇華乃佛瑞應，三千年一現，現則金輪出世。』故今稱不出世之物曰曇花一現，本此。」這些文字，都是在描述同樣的傳說，並介紹優曇華。

從一千多年前古文對優曇華這種植物特徵的描述：「葉似梨，果大如拳，其味甜，無花而結子。」除了果實大小較為誇張，其他跟現代所認知的優曇華幾乎一模一樣。「無花而結子」正是大眾對「無花果」的認知。

優曇華又稱聚果榕，桑科榕屬植物，除了是佛經植物，印度阿育吠陀將優曇華的樹皮、葉子、果實做藥，治療口腔、皮膚與女性方面的疾病。

各地並不多見，各大植物園中，僅知台北植物園佛教植物區有一巨木。該樹應該就是金平亮三於一九二二年引種，全島最早栽培之植株。

圖鑑

優曇華

曇花一現的主角，佛教與印度教的聖樹

學名	科名
Ficus racemosa L.	桑科 (Moraceae)

原產地

印度、斯里蘭卡、尼泊爾、中國南部、緬甸、泰國、越南、馬來西亞、蘇門答臘、爪哇、婆羅洲、蘇拉威西、新幾內亞、澳洲

生育地	海拔高
常綠森林、半落葉林、河岸林、海岸林	1500m 以下

形態

喬木，高可達 30 公尺，基部具板根。單葉，互生，全緣，托葉早落。隱頭花序總狀排列在小枝上，幹生，被毛。果實圓球狀，成熟時淡紅色。廣泛分布印度至澳洲的熱帶森林。

優曇華的果實

台北植物園栽植的優曇華

優曇華細小的花朵藏在類似果實的構造中

惡叉聚不是鬼

球果杜英

《首楞嚴義疏注經》卷一：「惡叉梵語。此云線貫珠。經云。諸法於識藏。藏於法亦然。更互為果性。亦常為因性。應法師云。惡叉樹名。其子形如沒食子。彼國多聚以賣之。如此間杏仁。故以為喻。喻惑業苦也。」

球果杜英又稱圓果杜英、印度念珠樹，因為種子有不規則凹凸，被用來製作佛珠，所以有印度念珠樹或金剛菩提子之稱。佛經上稱為惡叉聚或惡叉，梵文是रुद्राक्ष，轉寫為 rudraksa。不過，目前較常用來做成佛珠，而且也稱金剛菩提子的植物，應該是一般球果杜英的二倍體[112]，除了果實跟種子特別大，其他形態幾乎都一樣。

球果杜英是廣布種，從印度至澳洲都有分布。在印度阿育吠陀，其種子可做藥，治療心臟病、糖尿病、高血壓、水痘、粉刺、黑斑等。一九一三年，金平亮三自新加坡引進一株球果杜英的原種，栽培於台北植物園。蘭嶼的球果杜英因為幼枝、葉柄、葉背都無毛，張慶恩教授發表為變種。變種名 *hayatae* 是紀念重要的日籍植物學家早田文藏（BUNZO HAYATA）。

科學家發現球果杜英這類藍色的果實，是為了果實掉落森林後便於大型鳥類蒐集或取食，協助散播種子。這是果實表皮細胞的細胞膜外，以及細胞壁內的特殊結構虹光體（iridocome）所造成的光學干涉現象，屬於結構色而非色素色，所以製成標本後不會褪色。

球果杜英的藍色果實十分美麗

球果杜英的種子常被做成佛珠

112 這裡指這種植物的同源染色體是球果杜英的兩倍，植物的拉丁文學名是*Elaeocarpus ganitrus*，也有植物學家認為它是球果杜英的同種異名

圖鑑

球果杜英

種子有不規則凹凸，用來製作佛珠

學名

Elaeocarpus angustifolius Blume / *Elaeocarpus sphaericus* (Gaertn.) K. Schum.

科名

杜英科 (Elaeocarpaceae)

原產地

印度東北、孟加拉、尼泊爾、中國、緬甸、泰國、柬埔寨、馬來西亞、蘇門答臘、爪哇、婆羅洲、西里伯斯、摩鹿加、小巽他群島、新幾內亞、澳洲、菲律賓、蘭嶼

生育地

原始林

海拔高

0-1700m

形態

喬木，高可達37公尺，基部具板根，幼枝有毛。單葉，互生，葉鋸齒緣，葉柄、葉背都有毛。花白色，下垂狀，總狀花序腋生。核果球形至橢圓球形，藍色。

球果杜英的新葉泛紅

抄寫經文的多羅樹

貝葉棕 與 扇椰子

《大唐西域記》：「城北不遠有多羅樹林，周三十餘里，其葉長廣，其色光潤，諸國書寫，莫不採用。」

《一切經音義》：「多羅者，西域樹名也，其形似椶櫚樹也，體堅如鐵，葉長稠密，縱多時大雨，其葉蔭處乾若屋下，今此以寶而成故曰寶多羅也，又或翻為高竦樹也。」

多羅樹梵文是ताल，轉寫為tala，是指貝葉棕或扇椰子。其葉片巨大，在古印度有類似紙張的用途，被用來抄寫佛經，稱為「貝葉經」。

貝葉棕又稱行李椰子，原產於南亞；扇椰子又稱糖棕，廣泛分布於南亞與東南亞。兩種植物形態非常類似，葉片都非常巨大，但是果實大小不同：貝葉棕果實小，可以做成佛珠；扇椰子果實巨大。可以簡單區分。

除了葉片抄寫佛經，在阿育吠陀，貝葉棕的根、莖、葉可入藥，治療胃病、皮膚病、痔瘡、過度出汗等。引進的時間不詳，早期台北植物園、嘉義植物園、恆春熱帶植物園都曾有栽培紀錄。

扇椰子最早於一八九八年引進，栽培於台北植物園與恆春熱帶植物園，是一種多用途的植物。花序梗的汁液可以製椰糖[113]、釀酒。果實內的白色果肉稱為「白玉丹」，口感滑嫩似果凍。剛發芽的幼苗、頂芽、花序都可以食用。樹皮纖維可以做繩索，樹幹可以蓋房子。

在阿育吠陀，樹幹、樹根、葉子、花、果實都可以做藥，治療排尿困難、全身虛弱、腹瀉，或是做壯陽藥。

---

113 除了糖棕，可可椰子、砂糖椰子（*Arenga pinnata*）、水椰子等植物都可以製作椰糖

圖鑑

貝葉棕

葉片巨大，古印度用以抄寫佛經，
果實可做佛珠

學名	科名
Corypha umbraculifera L.	棕櫚科 (Palmae)

原產地

印度、斯里蘭卡

生育地	海拔高
半落葉林	600m 以下

形態

大喬木，高可達25公尺。葉扇形，掌狀裂，叢生莖頂。單性花，雌雄異株，花序可達8公尺，是世界上花序最大的植物。核果球形。

貝葉棕的葉片十分巨大

貝葉棕的種子堅硬，常被做成佛珠

圖鑑

扇椰子

可製椰糖，果肉稱為白玉丹，
葉片巨大，古印度用以抄寫佛經

學名	科名
Borassus flabellifer L.	棕櫚科 (Palmae)

原產地

印度、斯里蘭卡、緬甸、泰國、寮國、柬埔寨、越南、馬來西亞、印尼、新幾內亞

生育地	海拔高
季風林、河谷、沖積平原	0-800m

形態

大喬木，高可達30公尺。葉扇形，掌狀裂，叢生莖頂，葉柄有銳刺。單性花，雌雄異株。核果球形。

結實累累的扇椰子

扇椰子的雄花

扇椰子十分高大

九

八卦山丘歡喜心

彰化植物園

歡喜生態園中收集了不少蘭嶼植物與熱帶植物。
而最特別、跟其他植物園不同之處，
是栽培了佛教的三聖樹：佛祖誕生的無憂樹、
佛祖悟道的菩提樹、佛祖涅槃的娑羅樹。

提到彰化八卦山，必定會聯想到大佛。那曾是八景之一，也是彰化重要的地標及歷史建築。不過吸引我前往八卦山的理由不只是大佛，還有歡喜生態園。

八卦山位於彰化市東邊，海拔雖然不高，視野卻奇佳，自古就是中部地區的要衝：清代乾隆年間天地會發起的林爽文事件，兩軍曾會戰於八卦山；乙未戰爭，日軍與台灣民主國發生激戰，直到攻下八卦山後，才得以長驅直入。

清治時期，八卦山大佛原址是名為「定軍寨」的守城要地；後來日本政府拆除定軍寨，並於此地建「北白川宮能久親王殿下紀念碑」；國民政府來台後，拆除了能久親王紀念碑，並於一九五六年開始設計並興建大佛。

大佛是釋迦牟尼佛像，總高約二十三公尺。大佛內有六層樓，祭祀並陳列釋迦牟尼佛的生平故事。

除了宗教地標，八卦山風景區也是重要的賞鷹景點。每年三月灰面鷲北返之時，必定會經過八卦山台地。自一九九二年起，彰化野鳥學會定期舉辦「鷹揚八卦」活動，宣導鳥類生態保育。

除了大佛、賞鷹，八卦山還有一座鮮少人知的植物園——歡喜生態園。那是由前省議員白權先生私人闢建，於二〇〇八年八月八日捐贈給彰化縣政府，成為彰化縣立植物園。

• 八卦山大佛是彰化知名地標

• 八卦山台地視野極佳

白權先生出身農家，因為「歡喜就好」將該園取名「歡喜園」。園區座落在前往白權先生家馬路兩側的山坡地，占地約一點五公頃。

園內共分十四區，栽培九百多種植物，全都是白權先生個人在台灣各地尋找、蒐集，並親自栽種。

我個人數度前往歡喜生態園觀察。園區設立在山坡上，有樓梯上上下下。不過整體而言地勢還算平坦，高低起伏不大，如同郊山健行。園內樹木高大蓊鬱，地被植物生長良好，在白權先生細心照料下，已蔚然成林。

歡喜生態園中蒐集了不少蘭嶼植物與熱帶植物。而最特別、跟其他植物園不同之處，是栽培了佛教的三聖樹：佛祖誕生的無憂樹、佛祖悟道的菩提樹、佛祖涅槃的娑羅樹。

菩提樹各地都很常見，但是無憂樹跟娑羅樹就少見。娑羅樹是龍腦香科的超級大喬木，園區將同屬的登吉紅柳桉視為娑羅樹，雖不中亦不遠矣；園內栽培的是中國無憂樹，與無憂樹也是同屬不同種。

歡喜生態園入口處的東山學院，據說是白權先生的太太周老師禪修之處。該處主祀釋迦牟尼佛，前院也有栽培無憂樹與菩提樹。我想或許是周老師與東山學院的緣分，歡喜生態園才栽培了三聖樹。

除了三聖樹，園內還有其他佛教植物，例如孟加拉榕、芒果、波羅蜜、黑板樹、龍腦香等。

種樹有苦也有樂。花時間照顧，擔心樹木遭受天災或病蟲害，是苦；但是看著樹木成長茁壯，最後演變成一座森林，那樣的成就，不是一個樂字可以形容。八卦山上的歡喜生態園雖然鮮少人知，但是相信園主捐贈多年的成果，將帶給喜歡植物的人滿滿的幸福感。

• 園內栽培的登吉紅柳桉，被視作佛祖涅槃的娑羅樹

• 歡喜生態園入口處石碑

因果循環尼拘陀

孟加拉榕

《一切經音義》：「尼拘陀應云尼拘盧陀，此譯云無節，亦云縱廣樹。」

《一切經音義》：「尼拘陀：梵語西國中名也。此樹端直無節，圓滿可愛，去地三丈餘方有枝葉。其子微細如柳花子。唐國無此樹，言是柳樹者非也。」

《一切經音義》：「尼拘陀：舊音云無節樹，花嚴，音義云其葉如柿子葉子，似枇杷子。有蒂，性耐，老樹中最高大也。」

佛經中以種子細小，樹卻十分高大的「尼拘陀」來比喻由小因而得大果報。尼拘陀梵文是 न्यग्रोध，轉寫為 nyagrodha。根據唐朝釋慧琳版本《一切經音義》，又有縱廣樹之稱。從描述中可知，尼拘陀是十分高大、覆蓋廣大的植物。

尼拘陀今日稱為孟加拉榕，是全世界覆蓋面積最大的樹，高達一萬九千一百零七平方公尺，約五千七百八十坪，相當於四十五座籃球場，非常驚人。在印度阿育吠陀，其樹皮、氣生根、乳汁可做藥，治療嘔吐、糖尿病、風濕、淋病等。

一九二二年，金平亮三引進孟加拉榕與優曇華等佛經植物，栽培於台北植物園。目前全島各地略有栽培，花市偶爾可見大型盆栽。台大地質系館旁、台北植物園重要木本植物區、台中中興大學校園、彰化歡喜生態園、雲林縣水林鄉蘇秦村誠正國小（黃金蝙蝠生態館），皆可見到孟加拉榕大樹。

● 台北植物園巨大的孟加拉榕

圖鑑

孟加拉榕

種子細小，成樹高大，
比喻由小因而得大果報

學名	科名
Ficus benghalensis L.	桑科 (Moraceae)

原產地

印度、孟加拉、斯里蘭卡

生育地	海拔高
熱帶森林	0-1000m

形態

大喬木，高可達35公尺，具支柱根及板根。單葉，互生，全緣。葉緣略反捲，果實球形，成熟時暗紅色。

孟加拉榕的葉片厚而略反捲

校園、公園有時也會栽培孟加拉榕

彰化歡喜生態園栽培的孟加拉榕已長滿支柱根

菴羅不是菴沒羅

芒果

《大唐西域記》：「菴沒羅果家植成林，雖同一名而有兩種，小者生青熟黃，大者始終青色。」

芒果是世界知名果樹，也是佛教傳說世界北高勝洲上的神聖植物，泰皇加冕時還特別以芒果葉拍上身，代表去除危險。除了當水果，在阿育吠陀，芒果的樹皮、葉子、花、果實、種子都可做藥，治療發燒、便祕、子宮內膜炎等。

一般我們所謂的土芒果，最早大約是一六四五年荷蘭人從東南亞引進，而愛文芒果則是一九五四年農復會自美國佛羅里達州引進。台語稱為檨仔，梵文是 आम्र，轉寫為 amra，通常翻譯做菴羅；或 अम्लफल，轉寫為 amlaphala；或 आम्रफल，轉寫為 amraphala，所以佛經中亦有翻譯為菴婆羅、庵羅波利、菴婆羅多迦。因為油柑梵文是 आमलक，轉寫為 amalaka，佛經多半翻譯做菴摩羅或菴沒羅，也因此在講述佛經植物時，常有人把這兩種植物搞錯。

圖鑑

芒果

世界知名果樹、阿育吠陀藥用植物

學名	科名
Mangifera indica L.	漆樹科 (Anacardiaceae)

原產地

印度

生育地	海拔高
潮濕常綠林或半落葉林	低海拔

形態

大喬木，高可逾 35 公尺，樹幹通直。單葉，互生，全緣，具乳汁。雜性花，細小，黃綠色，圓錐狀聚繖花序，頂生或枝條末端腋生。核果不規則形，中果皮香甜可食。種子扁圓形。

芒果的新葉呈暗紅色

芒果的花十分細小

十

藥師佛是北斗七星破軍星

竹山下坪熱帶植物園

下坪熱帶植物園仍保留許多日治時期引進，
全台少見或是僅下坪有栽培的特殊植物。
雖然沒有特別規劃佛教植物區，
卻在無意間栽培了藥師佛手持之物「訶梨勒」。

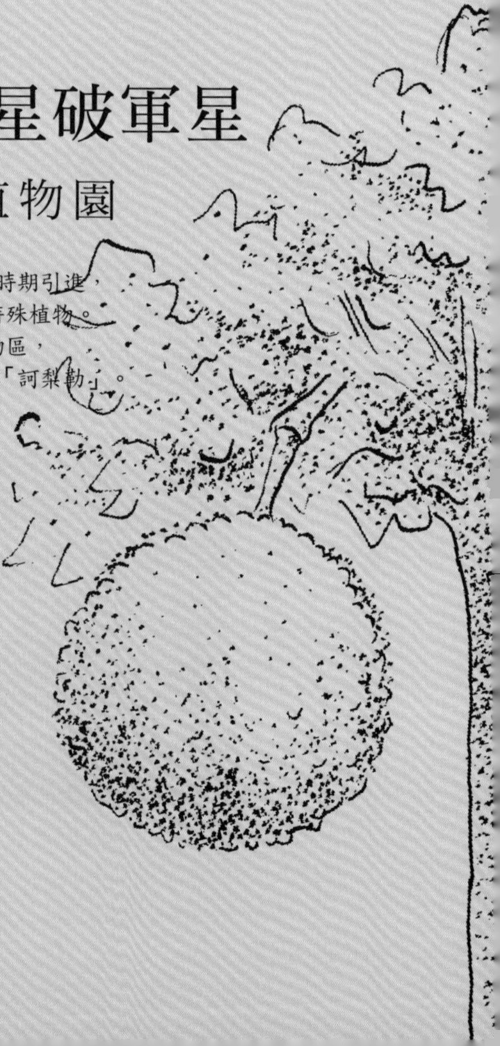

猶記得升大四的林場實習，我在下坪熱帶植物園採了一顆巨大的波羅蜜果實。當時還不曉得怎麼判斷波羅蜜是否成熟，只是挑大的採。從第一天開始，我就一直帶著那顆波羅蜜。每換一次地點，就要把它搬上車。直到林場實習結束，那顆波羅蜜還是不能吃，卻累壞了自己和同學。

下坪熱帶植物園是喜愛熱帶樹木的學生心中的寶庫，不過除了中部地區，一般民眾似乎比較少人知道這座植物園。它位於南投縣竹山鎮，附屬台灣大學實驗林，成立於日治時期，面積約八點八七公頃，以蒐集熱帶植物為宗旨。

日治時期，竹山鎮下坪里設立「下坪樹木園」。雖然成立目的是蒐集並栽植熱帶樹木，不過當時並沒有像其他植物園那樣，有計畫的自各地引進植物；後來亦如同所有植物園的命運，遭受二次大戰的戰火波及，植物園一度荒蕪。

國民政府來台後，下坪樹木園由台大實驗林管理處接收。不過最初仍舊沒有積極蒐集熱帶植物，甚至一九六〇年還一度將樹木園改為果樹園，栽植鳳梨、香蕉、荔枝、柳橙、木瓜等多種水果。

一九六六至一九六八年間，台灣大學森林學系廖日京教授與路統信技士，盤點原有樹種，並積極自恆春熱帶植物園、林業試驗所各分所、農業試驗所嘉義分所引進許多樹種。一九七一至一九七三年，高振襟先生又自全台各地引進不少樹木標本。

• 下坪熱帶植物園的林木高聳，樹冠蓊鬱

• 下坪熱帶植物園的樹木都已經十分巨大

而後經過數個颱風肆虐與一九九九年的九二一大地震，植物園損失了一部分樹木。二〇〇二年，配合「全國植物園系統與經營計畫」推動，下坪樹木園規劃整建為「國家植物園系統——下坪熱帶植物園」。一方面重新整理園區，鋪設木屑步道，一方面栽培新的樹種，豐富植物園的收藏。

時至今日，下坪熱帶植物園仍保留許多日治時期引進，全台少見或是僅下坪有栽培的特殊植物。雖然沒有特別規劃佛教植物區，卻在無意間栽培了藥師佛手持之物「訶梨勒」。

藥師佛全稱為藥師琉璃光如來佛，據說祂全身藍色，透澈如琉璃，故以「琉璃光」為功德名號。其法像通常左手持鉢盛滿甘露，右手持訶梨勒果。

藥師佛是佛教中地位非常崇高的「三寶佛」之一。許多寺廟，如台北關渡宮、彰化鹿港龍山寺等地，都有供奉藥師佛。一般道教廟宇往往同時供奉道教神明與佛祖、菩薩。這是佛教傳到中土之後，影響道教的顯著證明。

要特別注意的是，寺廟所供奉的「三寶佛」，通常不是代表過去、現在、未來的「豎三世佛」：燃燈佛、釋迦牟尼佛、彌勒佛，而是「橫三世佛」：娑婆世界的釋迦牟尼佛、東方淨琉璃世界的藥師佛、西方極樂世界的阿彌陀佛。

不過，佛教也受道教影響，出現了許多特殊佛經。例如《佛說北斗七星延命經》，就是佛教的藥師七佛與道教的北斗七星結合的奇妙經書。

北斗七星即西方所稱的大熊星座，七顆星最初的名稱出現於漢代緯書《春秋運斗樞》：「第一天樞，第二天璇，第三天璣，第四天權，第五玉衡，第六開陽，第七瑤光。」道教將北斗七星分別命名為「天樞貪狼星、天璇巨門星、天璣祿存星、天權文曲星、玉衡廉貞星、開陽武曲星、瑤光破軍星」。熟悉紫微斗數與《封神演義》的人，對這些星曜名稱一定不陌生。

收錄於《大藏經》中的《佛說北斗七星延命經》把這七顆星跟藥師七佛結合：「南無貪狼星，是東方最勝世界運意通證如來佛……南無破軍星，是東方琉璃世界藥師琉璃光如來佛。」這是道教影響佛教的有力證據。對比明朝神魔小說《封神演義》，破軍星的代表人物是紂王，而貪狼星則是妲己。

《藥師琉璃光如來本願功德經》的諸多譯本中，流通最廣的是玄奘的譯本，但是只有介紹藥師佛的淨土。唐代高僧義淨的譯本內容最豐富，一共介紹包含藥師佛在內的東方世界七佛淨土，此七佛即藥師七佛。

藥師琉璃光如來佛名稱最早出自《藥師琉璃光如來本願功德經》，在佛教中是救世間疾苦的大醫王，漢傳佛教也稱之為「消災延壽藥師佛」、「大醫藥王佛」。而藥師佛手持的訶梨勒，在佛經中也順理成章，成為能夠除一切病的藥中之王。

訶梨勒梵文是 हरीतकी 或 हरितकी ，轉寫為 haritaki，又音譯為訶黎勒、訶梨怛鷄、訶梨憺雞，是佛教傳說世界的植物。其果實可食用或藥用，據說是印度阿育吠陀使用最廣的植物，無論在佛教或印度教的傳說中都極為珍貴。五胡十六國時期，相傳為了避後趙開國皇帝石勒的名諱，改稱「訶子」。另外還有藏青果、隨風子之稱。

下坪熱帶植物園所在的位置，降雨量應該高於竹山市區，常常我在植物園內撐傘，離開後卻發現竹山市區並沒有下過雨。而且由於在山谷裡，相對避風，因此熱帶樹種在園內生長良好，樹勢高大，綠蔭蔽天，即使夏日也不會太過炎熱；不免讓人驚嘆當初植物園設立時，選址選得特別好。

這十多年來，為了尋找號角樹、美洲橡膠樹，我前往下坪熱帶植物園無數次，還曾發現沒有任何紀錄的哈倫加那[114]。

下坪熱帶植物園初設或近代整修，都沒有聽聞與佛教有關的事蹟或人物，會栽培藥師佛手持名藥訶梨勒，應該只是無心插柳。不過就我個人觀察植物的紀錄，除了訶梨勒、波羅蜜，下坪熱帶植物園還可以見到的佛教植物有黑板樹、芒果、槭葉翅子木、阿勃勒、檳榔、臭娘子等。

下坪熱帶植物園的訶梨勒雖只是一棵樹，默默在人來人往的步道旁成長，不供藥用。但是一次又一次，每當我前去觀察這些有歷史的樹木，它們彷彿給我滿滿的療癒感，讓我可以帶著滿滿活力，繼續認識更多熱帶植物。

• 下坪熱帶植物園唯一一株訶梨勒

114 關於美洲橡膠樹與哈倫加那的發現與介紹，可參考《看不見的雨林——福爾摩沙雨林植物誌》一書，書中第一章〈橡皮推翻了滿清——天然橡膠〉與第五章〈今天的雨林很巴黎——時尚工業中的植物〉有詳細介紹

無忌藥中王

訶黎勒

《金光明最勝王經》：「訶梨勒一種，具足有六味，能除一切病，無忌藥中王。」

《一切經音義》：「訶梨怛雞，舊言『呵梨勒』，翻為『天主持來』。此果堪為藥分，功用極多，如此土人參、石斛等也。」

訶梨勒是佛經中的藥中之王，其果實在阿育吠陀中可以治療非常多的疾病，例如蛀牙、牙齦出血、發燒、眼睛疾病、寄生蟲、黃疸、感冒、腸胃道疾病等。

一九二三年引進訶梨勒，最早應該是栽培於台北植物園。除此之外，竹山下坪熱帶植物園、美濃雙溪熱帶植物園也有栽培。由於不明原因，訶梨勒發芽率奇低，而且約需一年左右時間才會發芽。雖然它是著名藥用植物，卻因此相當少見栽培。

訶梨勒的果實

圖鑑

訶梨勒

藥師佛右手持訶梨勒果

學名	科名
Terminalia chebula Retz.	使君子科 (Combretaceae)

原產地

印度、斯里蘭卡、孟加拉、不丹、尼泊爾、中國雲南、緬甸、泰國、寮國、柬埔寨、越南

生育地	海拔高
落葉林、常綠林	1500（2000）m 以下

形態

大喬木，高可達 25 公尺。樹幹通直，基部具板根。單葉，互生或近對生，全緣，嫩葉及嫩枝被褐色毛。穗狀花序頂生或腋生。核果紡錘狀或倒卵形。種子長橢圓形，有五稜，十分堅硬。

訶黎勒的葉片被毛

大如冬瓜 婆那娑

波羅蜜

《大唐西域記》：「般橠娑果既多且貴，其果大如冬瓜，熟則黃赤，剖之中有數十小果，大如鶴卵，又更破之，其汁黃赤，其味甘美。或在樹枝，如眾果之結實；或在樹根，若伏苓之在土。」

波羅蜜栽培的歷史十分悠久，加上適應力強，熱帶地區容易自生，確切的原產地推測大概在印度西高止地區。不過，玄奘到印度，唯一沒有到達的便是西高止山西側熱帶雨林。而《大唐西域記》中關於波羅蜜的描述，都出現在印度東北部地區，所以無法從《大唐西域記》得知當時西高止山是否有波羅蜜。

波羅蜜大約是隋唐佛教盛行時傳入中國，梵文是 पनस，轉寫為 Panasa，直接音譯婆那娑、般橠娑、半娜娑。宋代才改稱波羅蜜。在印度阿育吠陀，其木材、葉片、乳膠、果實、種子都可做藥，治療糖尿病、腹瀉、蛇咬傷等疾病。

有些寺廟會把跟波羅蜜同屬的植物麵包樹當波羅蜜。不過從玄奘的描述，果實會長在樹枝上，也會靠近根部，明顯是在描述波羅蜜的幹生花現象；而果實大小如冬瓜、果肉黃色、大如鶴卵，都與波羅蜜的形態相符。

栽培年代十分久遠，可能是荷蘭人所引進。雖是熱帶果樹，但是有一定耐寒力，由北到南皆普遍栽植。

● 波羅蜜果實如玄奘描述「熟則黃赤」

圖鑑

波羅蜜

玄奘西行詳細記錄的熱帶果樹般㮕娑果

學名	科名
Artocarpus heterophyllus Lam.	桑科 (Moraceae)

原產地

印度西高止

生育地	海拔高
常綠及半落葉雨林	0-1200m

形態

喬木，高可達 30 公尺，一般約在 20 公尺左右，樹幹通直。單葉，互生，全緣，尾狀尖。單性花，雌雄同株，幹生花。聚合果，可食。幼苗需遮陰，而且常會出現裂葉，稱為二型葉。

波羅蜜的葉片油亮

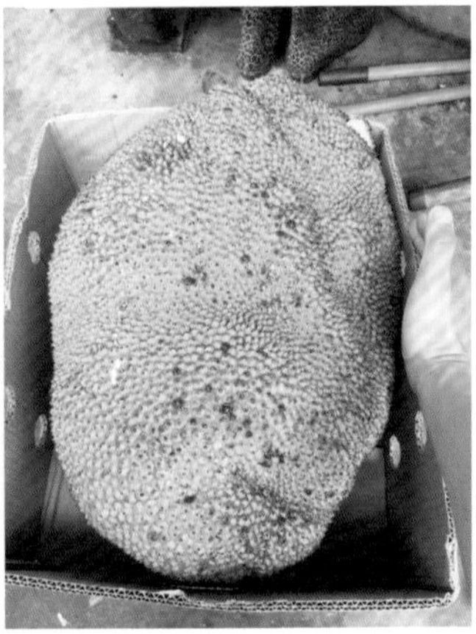
波羅蜜的果實大如冬瓜

波羅蜜的花與果實，直接生於樹幹之上

十一

黃蝶翠谷比鄰

美濃雙溪熱帶樹木園

雙溪熱帶樹木園是少數栽培龍腦香的植物園。
龍腦香是所有喜愛熱帶雨林之人尋尋覓覓的植物，
也是我不惜一日數百公里也要來雙溪熱帶樹木園的理由。

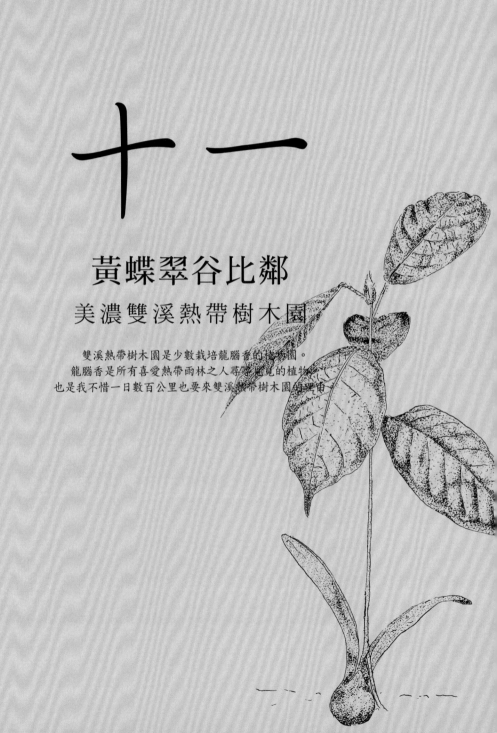

小時候我對美濃的印象，是客家油紙傘和粄條。小學時，從《漢聲小百科》裡認識了黃蝶翠谷，常常夢想著有一天可以親臨現場，感受群蝶飛舞。大學以後才知道，原來是栽植許多淡黃蝶的食草鐵刀木[115]，於是吸引成千上萬的黃蝶聚集，因而有黃蝶翠谷的美稱；也才知道，除了翩翩起舞的淡黃蝶，美濃還有更吸引我的地方——雙溪熱帶樹木園，一座讓我不遠百里獨自前往無數次的聖地。

這裡是我心中全島最具熱帶雨林氣息的熱帶植物園。

美濃雙溪熱帶樹木園的前身，是高雄州產業部林務課出張所設立的「竹頭角熱帶植物母樹園」，又稱為「雙溪熱帶母樹林」，面積七點五六公頃。

一九三五至一九四一年，佐佐木舜一幾乎每年都到南洋引進熱帶植物，共計二百七十六種。一九三七年，中日大戰開打之後，幾乎只剩下佐佐木舜一繼續從事熱帶植物研究與引進。隨著一九四一年太平洋戰爭爆發，日本就沒有再引進植物了。而戰爭也導致雙溪熱帶樹木園中的植物半數以上死亡。

115 拉丁學名：*Senna siamea*

國民政府來台後，高雄山林管理所[116]接管該處，採粗放管理，植物又損失大半。一九八七年，美濃雙溪熱帶樹木園對外開放，但是並未受到重視。直到一九九三年，政府打算興建美濃水庫而要破壞這個地方，激起了生態保育團體和美濃當地居民的保護運動，並於隔年開始舉辦黃蝶祭的抗爭活動。經過十多年努力，美濃水庫的計畫終於廢止。一九九九年，黃蝶翠谷被列為台灣鳥類重要棲地。

八十多年過去了，佐佐木舜一當初引進栽培的特殊樹木還餘下六十多種，而全台僅該地可見的約有二十種，十分珍貴。

一開始我總是一個人前往美濃觀察植物，有一回也帶著母親與好友一同前往。我一直好想跟大眾分享美濃雙溪熱帶樹木園的壯麗，終於在《看不見的雨林》出版後得償所願。我不但帶著電視台去拍攝，也受美濃愛鄉協進會邀請，跟大家一起去看龍腦香。

去的次數多了，我也開始注意樹木園周邊其他景點。一方面往信國社區跑，認識泰緬孤軍引進的植物，並將它們的故事寫進了《舌尖上的東協》；一方面我發現，除了雙溪熱帶樹木園栽種了佛教植物龍腦香與訶梨勒，原來美濃跟佛教還有一段特別的緣分。

116 一九六〇年高雄山林管理所更名為恆春林區管理處，一九八九年與楠濃林區管理處合併，成為屏東林區管理處

● 雙溪熱帶樹木園是我心中最具熱帶雨林氣息的植物園

• 美濃低海拔的雙溪熱帶樹木園，樹木高聳，種類繁多

• 藏在山谷裡的鍾理和故居

著名作家鍾理和故居，現在改為鍾理和紀念館，就位在雙溪熱帶樹木園附近。據說，鍾理和晚年常於鄰近的朝元寺走動，而朝元寺正是佛教四大名山[117]之一——法鼓山創立者聖嚴法師年輕時閉關的地點。聖嚴法師在此修習佛教戒律六年，並寫成十九萬字的著作《戒律學綱要》。

雙溪熱帶樹木園是少數栽培龍腦香的植物園。龍腦香是所有喜愛熱帶雨林之人尋尋覓覓的植物，也是我不惜一日數百公里也要來雙溪熱帶樹木園的理由。

龍腦香在佛經中被稱為羯布羅、劫布羅或羯婆羅，梵文是कर्पूर，轉寫為karpura，與檀香、沉香、丁香、鬱金香合稱「佛教五香」。不過佛教五香，有時是單指五種香，有時則是指眾香的意思。

雙溪熱帶樹木園至今仍可以見到四種龍腦香科植物，包含被歡喜生態園當作娑羅樹的登吉紅柳桉，還有細枝龍腦香、大花龍腦香與鱗毛白柳桉。雖然跟佛經中的龍腦香不同種，但是形態十分類似。

此外，美濃是另一種佛教植物——紅瓜的栽培、推廣之處，也是我認識這種植物

117 法鼓山、佛光山、中台山、慈濟

的地點。紅瓜就是佛經所稱，如紅脣一般的頻婆果。二〇〇五年亞蔬—世界蔬菜中心[118]舉辦了「熱帶地區原生蔬菜開發與推廣——紅瓜嫩梢」觀摩會。之後，紅瓜便成為高雄美濃地區農民試種的新興作物。隨著鳥類傳播，而今美濃的鄉間、路旁，隨處可見這種果實鮮豔的植物。

除了紅瓜與龍腦香，當初佐佐木舜一引進或栽培於此的熱帶植物，碰巧也有其他種類跟佛教相關，例如黑板樹，以及前一章介紹的訶梨勒與波羅蜜。

黃蝶翠谷、雙溪樹木園，與朝元寺、鍾理和故居比鄰。這裡，是美濃溪上游雙溪匯流的溪谷，終年溫暖、雨量豐沛，生態相當豐富；這裡，交通雖然不甚便利，卻是山明水秀、鳥語花香；這裡，是我心愛的植物園，希望它能永遠存在。

118 英語：World Vegetable Center

松身異葉　羯布羅

龍腦香

《大唐西域記》：「羯布羅香樹松身異葉，花果斯別，初采既濕，尚未有香，木乾之後，循理而析，其中有香，狀若雲母，色如冰雪，此所謂龍腦香也。」

佛經中的羯布羅香，目前一致認為就是中藥所稱的龍腦香，其精油又稱為「古雲香脂」。該植物在阿育吠陀中，樹皮、葉子、樹脂可做藥，治療皮膚、耳朵、尿道方面的疾病與寄生蟲。

玄奘所稱的羯布羅，應該是音譯自梵文 कर्पूर，轉寫 karpura。不過目前梵文字典都把 कर्पूर 解釋成樟腦。而這個字無論是演變成馬來文的 kapur、阿拉伯文的 كافور（kafur）、歐洲拉丁文的 camphora，或是英文 camphor，指的也都是樟腦。而且 camphora 甚至成為製作樟腦的原料植物樟樹拉丁學名的種小名。

但是樟樹原產於中國華南、越南、台灣，玄奘所處的年代，印度應該沒有樟樹，也不太可能有一個梵文字是指樟樹。此外，龍腦香自古以來就是東南亞諸國朝貢給中國的重要香料，所以當初玄奘在南印度看到的羯布羅香樹應該是龍腦香沒錯，不太可能是樟樹。奇怪的是，目前梵文字典查不到龍腦香。

進一步查羯布羅香樹，其梵文是 अजकर्ण 或 अश्वकर्ण，轉寫為 ajakarna 或 asvakarna。再從梵文字典去查這兩個字，查到的結果卻又說是佛祖涅槃的娑羅樹。這當中究竟哪裡弄錯，無法確定，只能說目前華文的羯布羅香已等同龍腦香。

該植物並不曾引進。不過一九三五年曾經引進同屬的大花龍腦香與細枝龍腦香。除了美濃雙溪熱帶樹木園，彰化歡喜生態園也有栽培大花龍腦香。

羯布羅香是雨林的大喬木，樹幹筆直

圖鑑

羯布羅香

中藥龍腦香、精油「古雲香脂」

學名	科名
Dipterocarpus turbinatus Gaertn. f.	龍腦香科 (Dipterocarpaceae)

原產地

印度、孟加拉、緬甸、泰國、寮國、柬埔寨、越南

生育地	海拔高
常綠林和半落葉林交替處	700m 以下

形態

超大喬木，高可達60公尺，樹幹通直。單葉，互生，細鋸齒緣。葉背與嫩枝有毛。花五瓣，粉紅色，總狀花序腋生。堅果，萼片發育而成的果翅兩長三短。

羯布羅香的葉片巨大

圖鑑

大花龍腦香

大花羯布羅香樹，彰化歡喜生態園也有栽培

學名	科名
Dipterocarpus grandiflorus Blanco	龍腦香科 (Dipterocarpaceae)

原產地

安達曼、泰國、越南、馬來西亞、蘇門答臘、婆羅洲、菲律賓

生育地	海拔高
熱帶雨林	0-1200m

形態

超大喬木，高可達 50 公尺，樹幹通直，基部具板根。單葉，互生，全緣，嫩葉紅色。花瓣中間粉紅色，邊緣白色。堅果，萼片發育而成的果翅兩長三短，果萼筒上有翼。

照片為鈍葉龍腦香（*Dipterocarpus obtusifolius*）的花，與大花龍腦香的花十分相似

大花龍腦香的嫩葉與托葉

圖鑑

細枝龍腦香

僅雙溪熱帶樹木園有栽培

學名	科名
Dipterocarpus gracilis Blume	龍腦香科 (Dipterocarpaceae)

原產地

中國雲南、安達曼、緬甸、泰國、寮國、越南、馬來西亞、蘇門答臘、爪哇、婆羅洲、菲律賓

生育地	海拔高
原始龍腦香雨林	0-1200m

形態

超大喬木，高可達50公尺，樹幹通直，具板根。單葉，互生，幼葉全緣，老葉全緣或先端粗鋸齒、尾狀葉尖。葉背及葉柄有毛。托葉早落。花白色或粉紅色。堅果，萼片發育而成的果翅，兩長三短。

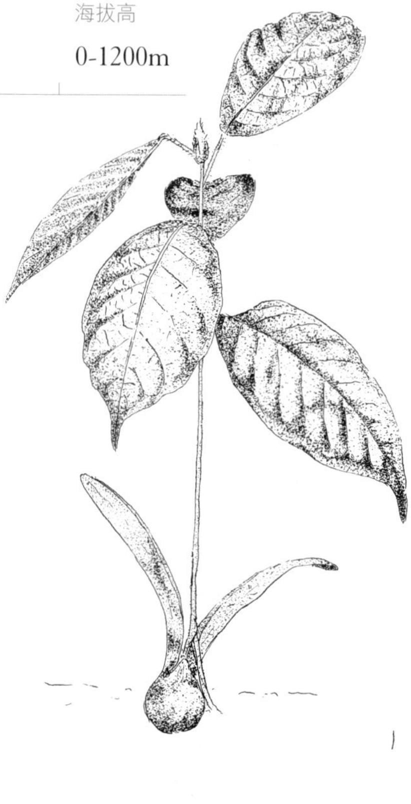

細枝龍腦香針筆圖

細枝龍腦香小苗

頻婆紅如脣

紅瓜

《一切經音義》：「頻婆果，此譯云相思也。」

《一切經音義》：「頻婆，鮮赤果名。」

《一切經音義》：「脣口丹潔，如頻婆果，丹赤也，潔淨也。頻婆果者，其果似此方林檎，極鮮明赤者。」

《一切經音義》：「頻婆果，色丹且潤之果，此方無之也。」

紅瓜的梵文是𑖤𑖰𑖦𑖿𑖤，轉寫為bimba，音譯頻婆，常常跟第七章介紹的木敦果搞混。因為木敦果的梵文是𑖤𑖰𑖩𑖿𑖪，轉寫為bilva，音譯頻螺、比羅果、毘羅婆。而因為果實鮮紅這項特徵，加上同樣都是瓜科植物，有時也會被誤以為是木鱉果。

從《一切經音義》所述可知，紅瓜如紅脣，有相思的意思。

在阿育吠陀中，紅瓜全株可入藥，治療糖尿病、淋病、肝病、婦女疾病、皮膚病、貧血等。

早在一九九〇年代，紅瓜便被發現已在野外歸化，除了美濃，中南部、東部也都可以見到。

圖鑑

紅瓜

果實鮮紅，如紅唇一般

學名	科名
Coccinia grandis (L.) Voigt	瓜科 (Cucurbitaceae)

原產地

西非、東非、印度、斯里蘭卡、中國南部、緬甸、泰國、寮國、柬埔寨、越南、馬來西亞、印尼、新幾內亞、澳洲、菲律賓

生育地	海拔高
灌叢、荒地、森林邊緣	0-2350m

形態

多年生草質藤本，莖有稜角，無毛，分枝多。單葉，互生，疏鋸齒緣，略呈五邊形，卷鬚不分岔。單性花，雌雄異株，花白色。果實長橢圓球狀或紡錘形，成熟時暗紅色。

紅瓜的果實鮮紅如唇

紅瓜的花朵為白色

紅瓜在美濃的路旁十分常見

圖鑑

木鱉果

果實橘紅，偶被誤以為是佛經裡的頻婆

學名	科名
Momordica cochinchinensis (Lour.) Spreng.	瓜科 (Cucurbitaceae)

原產地

印度、斯里蘭卡、中國南部、緬甸、泰國、寮國、柬埔寨、越南、馬來西亞、印尼、新幾內亞、澳洲北部、菲律賓、蘭嶼、台灣

生育地	海拔高
森林內開闊處或林緣，草質藤本	0-1000m

形態

多年生藤本。單葉，互生，三裂至五裂的掌狀裂葉。單性花，雌雄同株或異株，淡黃色，單生於葉腋，花苞形狀如雙殼綱的貝殼。果實橘紅色，有棘刺狀突起。種子黑褐色，扁平，似鱉甲，故名。

木鱉果成熟果實橘紅色，表面有棘刺

十二

走一趟天堂之路與帝國大學

台灣大學

「天堂之路」的對面有大安森林公園，以及更像森林公園的台灣大學。讓我印象特別深刻的是，開學第一個星期，在學校裡看到好幾位穿袈裟的同學還有老師。

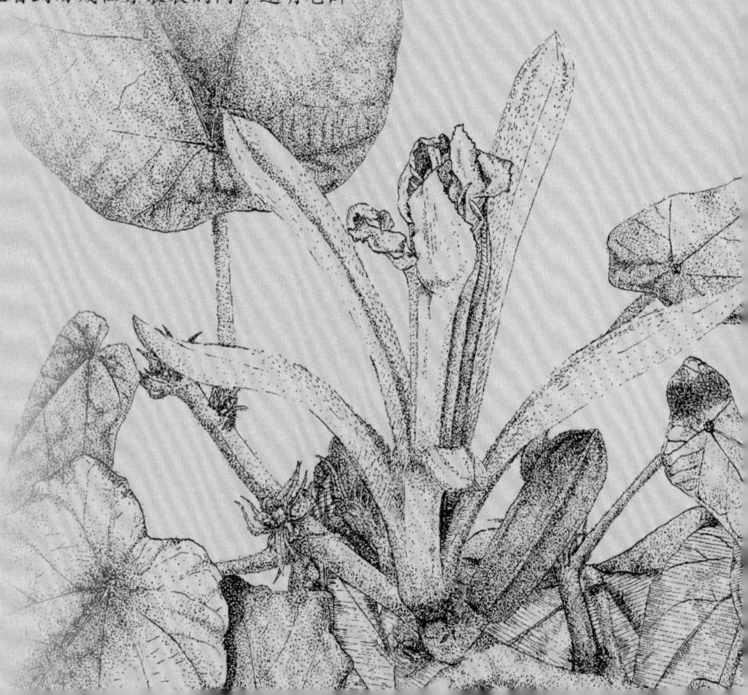

台北市大安區新生南路與和平東路一帶有很多的寺廟、教堂，素有「天堂之路」的雅稱。

新生南路上主祀釋迦牟尼佛的法雲寺，興建於一九五九年；台北清真寺由我國與沙烏地阿拉伯共同募資興建，於一九六〇年落成，其建築造型獨特，是重要的伊斯蘭禮拜場所；台北聖家堂於一九六五年竣工，是七教區中最大的一所教堂。除此之外，台北懷恩堂、台北真理堂、台北靈糧堂、台北衛理堂等著名的教堂，都位在這個區塊內。

大學時代，我經常在新生南路上南來北往，無數次經過這些教堂、寺廟，也曾像劉姥姥逛大觀園一樣，四處闖一闖，參加各個宗教社團、查經班、主日崇拜。曾聽學校老師說過他大學時期為了省錢，住宿在上述其中一座教堂的宿舍裡。

「天堂之路」的對面有大安森林公園，以及更像森林公園的台灣大學。讓我印象特別深刻的是，開學第一個星期，在學校裡看到好幾位穿袈裟的同學還有老師。好奇心帶領著我去探索，慢慢發覺原來宗教與哲學沒有那麼遙遠，兩者之間有許多關聯，而且對我們的社會與文化有許多的影響。無知的我到了大學才知道，原來佛經不只是小和尚嘴巴念念有詞，不只是「南無阿彌陀佛」或「嗡嘛呢唄美吽」，更多的是記載佛祖的智慧。

那個階段沒有了升學的壓力，我開始向外、向內，透過哲學、宗教，試圖要認識自己，了解生命的本質。也是在這個時期，我開始從哲學的角度認識佛教，埋下了完成這本書的遠因。

台灣大學校總區的形狀像是一只風箏。校園內的建築物，採內低外高的盆地地形規劃。著名的椰林大道正對東方，讓學生每天到校都可以感受到旭日東升的蓬勃朝氣；大門口則設了一個小轉彎，猶記得修習「校園文化與資產詮釋」課程時，老師說這設計叫做「內奧」，是提醒學生要懂得謙虛——曖曖內含光。

校園裡林木扶疏，有超過一萬棵樹、約千種植物，可以感受與馬路另外一側「天堂之路」截然不同的氣息。

即使畢業多年，有機會我還是很喜歡回母校，花一點時間到處走走，看看那些曾陪伴我度過大學及碩士生涯的大樹們。

我習慣從公館捷運站二號出口走，沿著舟山路。經過銘傳國小、舊國立編譯館（現在改名「展書樓」）。這段路兩側樹冠交疊，十分美麗。

從舟山路往前走，較少人注意到，其實地質系館跟鹿鳴堂之間有棵很大的孟加拉榕，佛經稱為尼拘陀。它的葉子會稍微反捲，正反面都有毛，還有很多支柱根。

• 舟山路兩側樹冠交疊，十分美麗

另一側的小小福旁有一棵戶利沙——大葉合歡；還有共同教室外的琉球松[119]，幾乎是遊客必訪的地點。在樹下歇歇腿，推薦到小小福買個三明治冰淇淋。

農產品展售中心每天有不少人排隊買台大鮮奶、台大麵包，門口至舟山路間有幾棵超級巨大的閻浮樹——肯氏蒲桃，樹下有一圈椅子，是發呆的好地方。

再往前經過水工試驗所、瑠公圳遺址，森林系的航測館門口左側，有一棵葉子極大的迦曇婆——卡鄧伯木，筆直高大，有板根。雖然台大實驗林種很多卡鄧伯木，但這似乎是台大校總區唯一的一棵。

航測館對面就是生態池，周遭有栽培許多原生的水生植物。沿著水車旁的路行走，過了農場可以到人工氣候室，附近也有很多熱帶植物值得觀察。

從農場回到舟山路上，總圖與農場間這一段，有佛經中的俱毘陀羅——羊蹄甲，還有一株四季會有不同樣貌的阿梨吒——無患子，吐新芽、開花、結果、黃葉、落葉，美不勝收。不要停下腳步，繼續往前至農機館，因為院子裡有一株校內最巨大的黑板樹，它是佛經中的七葉樹，也是台北市保護的老樹，從基部分成三叉，十分壯觀。

119 拉丁學名：*Pinus luchuensis*

● 農產品展售中心前的肯氏蒲桃

• 台大圖書館附近栽培了非常多刺桐

圖書館後方有一排阿勃勒，四周則栽種大量的波利質多羅樹——刺桐。被這麼多的佛教植物包圍，而且位在校園的中心、建築宏偉，稱它是台大校園的須彌山似乎也無不可。

回到椰林大道底，森林系館右側的台灣肖楠[120]是我大學時親手栽種，今已亭亭如蓋。森林館後方的造園館有非常多觀賞植物，還有一條穿過溫室的祕徑，栽培許多顏色鮮豔的花花草草。

如果是開車或騎車，不妨選擇從新生南路側門進學校吧！文學院跟普通教室中間的路叫蒲葵道。為了競爭陽光，普通教室與文學院之間的樹木長得特別高，也有明顯的板根，樹幹上還有許多著生植物，構築一處讓我感受熱帶氛圍的場域。我喜歡躲在樹下翻書，想著有一天我要去東南亞、亞馬遜，感受真雨林的魅力。

或是到醉月湖畔喝杯咖啡、晒晒太陽，這裡也是我喜歡觀察動、植物的地方。當然，小福布滿爬牆虎[121]的牆壁也是受歡迎的拍照聖地，小福的霜淇淋更是必吃。而小福至小椰林大道之間道路，兩側的阿勃勒，在暑假來臨之前，就會蛻變成為最美的黃金大道。

---

120 拉丁學名：*Calocedrus formosana*

121 拉丁學名：*Parthenocissus tricuspidata*

跨越椰林大道往二號館——物理系館——走，它跟農化館中間也有一個小庭園，彷彿雨林裡的孔隙，只有斑光灑落，是躲避炎炎夏日的好通道。穿過農化新館往南，路的中央有全球唯一的雜交桃花心木[122]。

不能錯過的台大植物標本館，後方的小庭院在郭城孟老師擔任館長時期，規劃成三個戶外植物展示區：一，低海拔植物展示區；二，水生植物展示區；三，蕨類植物展示區。三個展示區，以及傅園、台灣大學女一宿舍至女五宿舍等處，就是帝國大學時期熱帶樹木標本園的範圍。

122 拉丁學名：*Swietenia × formosna*，更多關於雜交桃花心木的故事，可參考《看不見的雨林——福爾摩沙雨林植物誌》，書中第十四章〈雨林藝術家——葉片的斑點與換葉現象〉有詳細介紹

• 植物標本館後方的小庭院，是我最愛的祕密花園

日治時期成立台北帝國大學，是日本第九所帝國大學，也是台灣第一所大學，從一九二二年開始規劃，一九二八年正式創校。最初只有文政學部、理農學部，以及附屬的農林專門學部。

在學校成立當年，理農學部附屬植物園與附屬農場便已設立。附屬植物標本館則創立於一九二九年，當時的任務包含研究台灣的植物，並協助日本的南進政策，研究東南亞與太平洋島嶼的熱帶植物。除了保留豐富的熱帶植物標本，還留有被子彈打穿的二次大戰痕跡。至今一號館後方及傅園內，依舊保留不少當時引進栽培的樹木，都已十分巨大。

大門口旁的傅園，是傅斯年校長衣冠塚所在地，據說新生如果翹課到傅園玩耍，就會被二一。傅園仿希臘雅典衛城規劃，入園後縮小版的帕德嫩神殿背對入口。神殿前方有一個水池跟方尖碑，是台大一景。

傅園內則有非常多巨樹，像是鐵冬青[123]、港口木荷[124]、森氏紅淡比[125]、台灣海棗[126]，以及植株不大但年紀很大的穗花棋盤腳[127]與台東蘇鐵[128]。雖然上述這些並不是佛教植物，卻都是受保護的老樹。

我特別喜歡的是槭葉翅子木，都戲稱它「香蕉花」，應該就是佛經上的迦尼迦樹。還有兩株巨大的闊葉榕[129]——是五樹六花之一、圓果榕[130]、大葉雀榕[131]，以及香遍樹——刺桐，都是板根或支柱根特別明顯的樹，推薦大家可以去看。

回到羅斯福路四段，整排的木棉花總是在三月底到四月初盛開。它是佛經中的劫貝樹，開在台灣大學最美的季節，與杜鵑、流蘇爭寵。

或許因為有農學院，又是日治時期就建校，台大校園內有熱帶、亞熱帶、溫帶的植物，其中不少跟佛教有關。包含上述的孟加拉榕、大葉合歡、肯氏蒲桃、卡鄧伯木、槭葉翅子木、刺桐、木棉花、黑板樹。

台大不是植物園，卻是我大學時期認識植物的大教室，也是接觸宗教與哲學的重要地點，給了我完成每一本書最重要的養分。

---

123 拉丁學名：*Ilex rotunda*
124 拉丁學名：*Schima superba*
125 拉丁學名：*Cleyera japonica*
126 拉丁學名：*Phoenix hanceana*
127 拉丁學名：*Barringtonia racemosa*
128 拉丁學名：*Cycas taitungensis*
129 拉丁學名：*Ficus altissima*
130 拉丁學名：*Ficus globosa*
131 拉丁學名：*Ficus caulocarpa*

傅園內縮小版的帕德嫩神殿，座落在熱帶花園裡

迦尼迦

槭葉翅子木
或
阿勃勒

《一切經音義》：「迦尼迦樹，具云尼迦割羅。尼迦，此云月也。割羅，此云作也。」

《大唐大慈恩寺三藏法師傳》：「羯尼迦樹處處成林。發萼開榮，四時無間，葉如金色。」

梵文是 कर्णिकार，轉寫為 Karnikara，佛經音譯為迦尼迦、羯尼迦、尼迦割羅，應該就是槭葉翅子木。कर्णिकार 有時也指阿勃勒，不過，阿勃勒三個字也是來自於梵文 अपलङ्कः，轉寫為 apalanka。

考慮到古書記載其四時開花、葉如金色，槭葉翅子木似乎較符合迦尼迦的描述。因為阿勃勒花期固定，較少全年開花，而且槭葉翅子葉背密布褐色絨毛，尤其是吐新芽時特別明顯，正好符合葉如金色的特徵。

在印度阿育吠陀，槭葉翅子木的花可以治療頭痛、感冒、咳嗽、發炎、出血性疾病。而阿勃勒則是樹皮、根、豆莢可做藥，治療便祕、發燒、皮膚與神經系統疾病等。

圖鑑

槭葉翅子木

古書記載四時開花、葉如金色，
符合迦尼迦的描述

學名	科名
Pterospermum acerifolium (L.) Willd. / *Pterospermum diversifolium* Blume	錦葵科 (Malvaceae) 或梧桐科 (Sterculiaceae)

原產地

印度、孟加拉、不丹、尼泊爾、中國雲南、緬甸、泰國、寮國、越南中部、馬來西亞、菲律賓

生育地	海拔高
低地潮濕森林	低至中海拔

形態

大喬木，高可達 30 公尺，基部具板根。葉片巨大，形狀多變，基部盾狀。花大型且具香氣，花瓣白色，花萼黃色，整朵花如香蕉一般。蒴果，種子有翅。

中和華新街販售的藥用木塊擬檀木，很可能是槭葉翅子木的木材

槭葉翅子木的新葉與葉背密布褐色絨毛

槭葉翅子木的花大而美麗

槭葉翅子木針筆圖

圖鑑

阿勃勒

阿勃勒也可能是佛經記載的迦尼迦

學名	科名
Cassia fistula L.	豆科 (Leguminosae)

原產地

巴基斯坦南部、印度、斯里蘭卡

生育地	海拔高
落葉林	低海拔

形態

喬木，高可達 15 公尺。一回羽狀複葉，小葉對生，全緣。花黃色，總狀花序腋生，下垂。莢果棍棒狀。

阿勃勒的豆莢細長，如臘腸一般

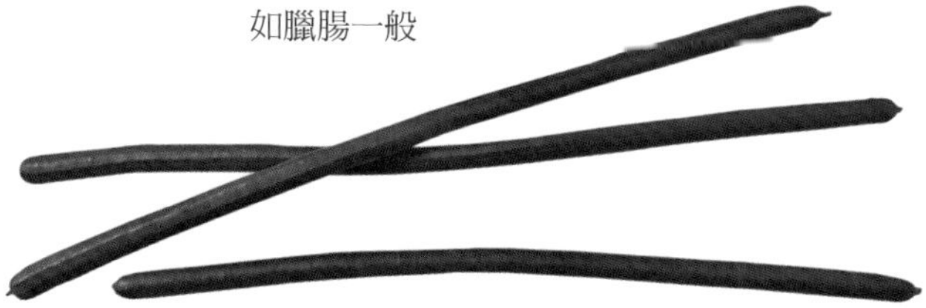

阿勃勒又稱黃金雨，名稱音譯自於梵文

劫貝

木棉

《一切經音義》：「劫貝，或云劫波育，或言劫婆娑，正言迦波羅。此譯云樹花名也，可以為布。」

《一切經音義》：「劫貝娑花，花同柳絮，可以為綿。詢問梵僧，白氎是也。」

木棉的梵文是कर्पास，轉寫為Karpasa。佛經上稱劫貝、古貝、劫貝娑、劫波薩、劫波育、劫波娑、劫婆羅、劫波樹、劫樹、迦波羅，可以指棉花或木棉。除了做為觀賞植物，其花絲也可食用。

在印度阿育吠陀，其樹皮、根、葉子、花、種子皆可做藥，治療女性疾病、風濕、發炎、皮膚與感冒等症狀。

木棉花的花朵十分巨大

圖鑑

木棉

佛經中的劫貝樹，兼具觀賞、食用、藥用價值

學名	科名
Bombax ceiba L.	錦葵科 (Malvaceae) 木棉亞科 (Bombacoideae)

原產地

印度、中國南部、中南半島、馬來西亞、印尼、澳洲東北、菲律賓

生育地	海拔高
溝谷雨林、季風林至疏林	1400m 以下

形態

大喬木，高可達 40 公尺。樹幹通直，樹幹上有刺，枝條輪生。掌狀複葉，小葉全緣，小葉柄與葉柄極長。花為橘紅色，大型，單生。蒴果紡錘形，內有棉絮。

木棉的小苗

紅似火的木棉花每年三月盛開

阿梨咤

無患子

《翻譯名義集》：「大論酒有三種：一者穀酒，二者果酒。蒲萄阿梨咤樹果，如是等種種，名為果酒。三者藥酒。種種藥草，合和米麴甘蔗汁中，能變成酒，同跡畜乳酒。」

《翻梵語》：「阿梨吒比丘，舊譯曰。亦云阿梨吒，亦云阿利瑟吒，亦云阿栗吒。謂無患樹。聲論者云，正外國音，應言阿栗瑟路，翻為無患樹。此比丘因樹得名，謂無患比丘。」

無患子梵文是 अरिष्टक，轉寫為 aristaka，音譯做阿梨瑟迦紫，也稱 अरिष्ट，轉寫為 arista，佛經翻譯做阿梨咤、阿梨吒、阿利瑟吒、阿栗吒、阿栗瑟路。

果實是天然的清潔劑，無論印度阿育吠陀或其他國家，都是相同的用途。

無患子的種子

圖鑑

無患子

天然的清潔劑

學名

Sapindus mukorossi Gaertn.

科名

無患子科 (Sapindaceae)

原產地

印度、中南半島、中國南部、台灣

生育地

潮濕至乾燥季風林

海拔高

低海拔

形態

喬木，高可達15公尺。一回羽狀複葉，小葉互生，全緣，歪基。花細小，乳白色，圓錐狀聚繖花序，頂生或腋生。核果球形，有半透明假種皮。

無患子是一回羽狀複葉

十三

從帝國大學獨立吧！

中興大學

沿著椰林路往內走，靠近森林系館有一株無憂樹，
雖然不大，卻已經會開花。更特別的是，
中興大學森林館外頭有一株佛經記載的波羅奢華——膠蟲樹，
這也是少見的植物。

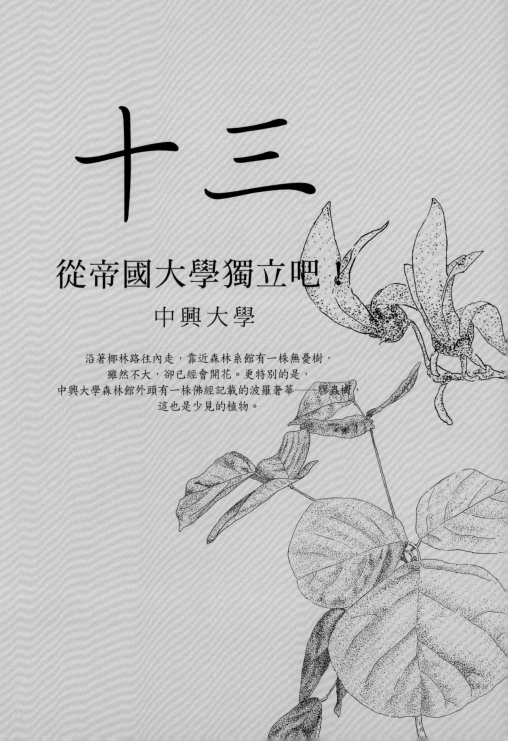

小學到出社會前，我一直居住在中興大學附近，對中興大學周邊的店家十分熟悉，對於校園裡的草木也有特殊的感情。高中時，我還在興大學生活動中心二樓的書店買了大一普通生物學自修，提早感受生物學的浩瀚。

一九九四年暑假，我偶然在中興大學的垃圾桶中，拾獲鄭元春老師的著作《神奇的多用途植物圖鑑》，那是我的第一本植物圖鑑，也是除了《小牛頓》雜誌和《漢聲小百科》之外，獲得植物相關知識的第一本植物專書，從此開啟了我的植物自學之路。而我對眾多生物的熱情，也漸漸收斂到植物。

書本總共劃分十二個月，以四大主題介紹植物。但是我迫不及待就把書看完，然後帶著書到中興大學校園一一比對。樹也好、草也好、花也好、蕨也好，逐步認識生活周遭的植物。

二十六個年頭過去了，我看著興大路上的黑板樹從小樹變大樹；看著阿勃勒自一個小朋友高，到現在拍照要退後幾十步才可以將全株納入；甚至印度紫檀[132]的行道樹還曾被搬移，凋零了幾株。很多特別的樹從無到有，從小到大；也有幾株

132 拉丁學名：*Pterocarpus indicus*

老樹被颱風吹倒，從有到無。而好多好多樹的名字，都是因為我常在興大校園走跳，所以認識，進而印象深刻。

我鮮少從正門口進入，反而喜歡從東側維也納森林旁的側門往內走，因為此處有許多特別的熱帶植物，而且樹木格外高大。這裡其實是中興大學創校時期的舊大門，旁邊有小禮堂、學生活動中心。可惜許多建築因為老舊而被拆除。幸好還有老樹見證這段歷史。

一進門，左邊就是一棵超級巨大的肯氏蒲桃；它曾經被掛錯樹牌，掛成了山鳳果，我發現後透過網路糾正，校方也立即更改。

此外，維也納森林裡還有一棵龍樹菩薩誕生於其下的三果木，我正是在這裡認識這種植物。三果木下有一株紅柳桉[133]，是佛祖涅槃的娑羅樹近緣種，目前僅知台中科博館熱帶雨林館與中興大學各栽培一株。

沿著椰林路往內走，靠近森林系館有一株無憂樹，雖然不大，卻已經會開花。進入中庭有一棵那羅雞羅——可可椰子。更特別的是，中興大學森林館外頭有一

---

133 拉丁學名：*Shorea leprosula*

• 森林系館中庭的可可椰子

• 維也納森林栽培的紅柳桉

株佛經記載的波羅奢華——膠蟲樹，這也是少見的植物。每當春天來臨，它總會滿樹火紅，與椰林路東側整排俱毘陀羅——羊蹄甲，還有機械系館與化學系館前誠樸路兩側的劫貝樹——木棉，相互爭豔。

羊蹄甲是常見的觀賞花木，不過較少人知道它也是佛經植物。椰林路上的羊蹄甲或許是因為陽光不足，鮮少花開滿樹。

欣賞完木棉與羊蹄甲，往前走。來到園藝系館後方的院子，有常被忘記的佛教植物——檳榔。其實東南亞佛教並不禁止食用檳榔，還把它當作五樹六花中的一樹。園藝系館與中興湖之間，有一塊小小的植物園，栽培了許多花木。那兒有第五章介紹的庵弭羅果——羅望子，以及一排菴羅——芒果樹。

大學路與中興路所夾生命科學館，有整排的菩提樹，高大挺拔。過中興湖，圖書館東側也有幾株菩提樹，在冬、春交際會瞬時落葉。圖書館所在地原本是熱帶果樹標本園，因此周邊有很多特殊的果樹。如猴面果、山陀兒[134]、黃酸棗[135]。而圖書館後方有一排芒果樹，幾乎年年豐收。

---

134 上述兩種果樹的介紹，詳見《舌尖上的東協——東南亞美食與蔬果植物誌》第二十一與第十章

135 拉丁學名：*Spondias mombin*

• 誠樸路的木棉花

• 文學院側門豆科的樹木都非常高大

有時候我也喜歡從西側靠近文學院的側門進入，那邊有巨大的耳豆樹[136]、摩鹿加合歡[137]。因為種在附近，我才知道原來豆科植物都那麼相似。

往校園內走，還有兩種不常見的佛教植物：尼拘陀——孟加拉榕，以及迦尼迦——槭葉翅子木，在綜合教學大樓前的停車場周邊各種了三株。它們的葉片碩大，與其他樹木的氣質截然不同。

136 拉丁學名：*Enterolobium cyclocarpum*

137 拉丁學名：*Paraserianthes falcataria*

1998年，興大路上的黑板樹還沒有十分高大，還能看到後方的建築物

雖不曾就讀中興大學，但是這座校園仍舊是我的大教室。或許因為這樣的情感，讓我開始認識這所學校，才知道原來中興大學跟台灣大學曾有一段淵源。

現今台灣大學的行政大樓，是一九一九年便成立的「台灣總督府農林專門學校」校舍。一開始將農業與林業分成兩科；一九二二年改制「台灣總督府高等農林學校」；一九二七年改名「台灣總督府台北高等農林學校」，即是中興大學的前身。一九二八年，台北帝國大學成立，將台北高等農林學校併入農林專門部；一九四二年四月，原來的農林學校脫離帝大，改為「台灣總督府台中高等農林學校」，並於當年十月遷往台中；隔年改名為「台灣總督府台中農林專門學校」；一九四六年改制，升格為「台灣省立農學院」；一九六一年，台灣省立農學院與台灣省立法商學院合併，中興大學校名於焉而生。

感謝中興大學栽培了黑板樹、肯氏蒲桃、三果木、紅柳桉、無憂樹、可可椰子、膠蟲樹、羊蹄甲、木棉、檳榔、芒果、羅望子、孟加拉榕、槭葉翅子木、阿勃勒等佛教植物。或許最初栽培這些植物是為景觀或教學用途。但是卻給了我們十分便利、舒適的觀察地點。

• 台灣總督府農林專門學校校舍，是今日台灣大學的行政大樓

甄叔迦也是波羅奢

膠蟲樹

《一切經音義》：「波羅奢樹，梵語也。此云赤花樹，樹汁極赤，用染，今紫礦是也。」

《一切經音義》：「紫礦，波羅奢汁也。其色甚赤，用染皮氎也。其樹至大，亦名甄叔迦，一物也。花大如升，極赤，葉至堅韌，商人縫以為袋者也。」

膠蟲樹[138]梵文是पलाश，轉寫為palasa，佛經音譯為波羅奢華或鉢羅奢藥，是膠蟲的重要寄主，故稱膠蟲樹。中國植物誌稱膠蟲樹為紫礦，因膠蟲生成的蟲膠在古書上記載稱紫礦或紫鉚。除了供膠蟲寄生，膠蟲樹也可供藥用及染劑。在阿育吠陀，其樹皮、根、樹脂、花、種子皆可做藥，治療蛇咬傷、寄生蟲、糖尿病、喉嚨痛、腹瀉等症狀。

膠蟲樹的花盛開時相當壯觀，英文稱為「森林火焰」（Flame of the forest）。中南部校園及公園偶見栽植，尤其彰化縣和美鎮栽培最多。

138 關於膠蟲樹與蟲膠的使用、歷史文化，可參考《看不見的雨林——福爾摩沙雨林植物誌》，書中第三章〈只溶你口不溶你手的黑膠唱片——天然塑膠〉有詳細介紹

圖鑑

膠蟲樹

佛經裡的波羅奢華，盛開時如森林火焰

學名	科名
Butea monosperma (Lam.) Taub.	豆科 (Leguminosae)

原產地

巴基斯坦、印度、斯里蘭卡、尼泊爾、中國雲南、緬甸、泰國、寮國、柬埔寨、越南、馬來西亞、爪哇

生育地	海拔高
森林、草地或荒地	1500m 以下

形態

落葉喬木，高可達 20 公尺。三出複葉，小葉全緣，葉基膨大。花橘紅色，聚繖花序。莢果褐色，刀形，下緣波浪狀。內含種子一枚。小苗發芽時便十分高大。

膠蟲樹的花

膠蟲樹的花盛開時相當壯觀

阿修羅王的花園

羊蹄甲

《一切經音義》：「俱毘陀羅樹花，此云岥他[139]。」
《起世經》：「彼阿修羅王七頭會處西面，亦有羅睺羅阿修羅王園苑，名俱毘陀羅林……俱毘陀羅及難陀那二苑之間。為羅睺羅阿修羅王。出一大樹，其樹亦名蘇質怛羅波吒羅。樹形縱廣，種種莊嚴。」

佛經中的俱毘陀羅，又稱拘鞞陀羅、拘毘羅，梵文是 कोविदार，轉寫為 kovidara。指的應是羊蹄甲，是阿修羅王花園裡的植物。不過《起世經》卻把它跟帝釋天花園裡的刺桐搞混。

它的花、果皆可當蔬菜食用或醃製後食用。在阿育吠陀，其樹皮、根、葉子、花可做藥，治療便祕、胃脹氣、痔瘡、寄生蟲與蛇毒等症狀。最早於一八九六至一八九八年間引進，一九〇九年田代安定也曾自印度引進，是十分常見的觀賞植物。

139 「他」應該是「地」的誤寫

圖鑑

羊蹄甲

佛經中的俱毘陀羅，常見的觀賞植物

學名

Bauhinia variegata L.

科名

豆科 (Leguminosae)

原產地

印度、斯里蘭卡、孟加拉、不丹、尼泊爾、中國雲南、緬甸、泰國、寮國、柬埔寨、越南

生育地

森林

海拔高

500-1700m

形態

小喬木，高 12 公尺。單葉，互生，全緣，腎形或馬蹄形。花粉紅色，總狀花序，腋生。莢果扁平，成熟後會開裂。

羊蹄甲的豆莢

羊蹄甲的花可供觀賞，也可食用

邊嚼邊翻譯佛經

檳榔與荖藤

《大唐大慈恩寺三藏法師傳》：「日得瞻步羅果[140]一百二十枚，檳榔子二十顆，豆蔻二十顆，龍腦香一兩，供大人米一升……月給油三斗，酥乳等隨日取足。淨人一人、婆羅門一人，免諸僧事，行乘象輿。那爛陀寺主客僧萬，預此供給添法師合有十人。其遊踐殊方，見禮如此。」

根據《大唐大慈恩寺三藏法師傳》記載，玄奘法師在印度那爛陀寺期間備受禮遇。寺方除了供應他檳榔、瞻步羅果、豆蔻、龍腦香、米、油，還有人隨侍在側，出入有大象可以騎乘。其中瞻步羅指的應該是包檳榔的荖葉，該植物稱為荖藤，其果即是荖花。

檳榔是音譯自馬來語 pinang，大概在西漢時期引進中國。荖葉在中國古代稱為蔞葉或蒟醬，梵文是ताम्बूल，轉寫為 tambula，佛經音譯為擔步羅或瞻步羅[141]。

在阿育吠陀，檳榔的果實和樹根都可供藥用，治療寄生蟲與泌尿系統問題，以及腹瀉或關節疼痛。

荖藤的功用更多，其根、莖、葉與果實皆可做藥，治療發燒、發炎、寄生蟲、腸胃問題、勃起障礙等症狀。

兩種植物皆是經濟作物，都在原住民時期就引進，中南部野外有歸化自生。

檳榔是棕櫚科植物，樹幹筆直

140 參考前後文與文義，可能是瞻步羅葉，不是果

141 更多關於荖藤與檳榔在歷史文化中扮演的角色，可參考《看不見的雨林——福爾摩沙雨林植物誌》，書中第八章〈香料共和國——香料植物〉有詳細介紹

圖鑑

檳榔

五樹六花中的一樹，也是阿育吠陀藥用植物

學名 *Areca catechu* L.	科名 棕櫚科 (Palmae)
原產地 馬來西亞、菲律賓	
生育地 熱帶雨林	海拔高 900m 以下

形態

喬木，高可達 30 公尺。一回羽狀複葉，叢生莖頂。單性花，雌雄同株，花細小，圓錐狀排列的肉穗花序。核果。

檳榔是熱帶亞洲重要的作物

圖鑑

荖藤

佛經裡的擔步羅，包檳榔的荖葉

學名	科名
Piper betle L.	胡椒科 (Piperaceae)

原產地

可能是馬來西亞一帶

生育地	海拔高
熱帶森林	900m 以下

形態

藤本植物，莖的每一節都會發根，攀附於樹上或岩石上。單葉，互生，全緣。單性花、雌雄異株，肉穗狀花序與葉對生。聚合果肉質。

荖藤是胡椒科的藤本植物

十四

再現悉達多的花園

其他佛教植物

如果想要打造一處佛系植物園，
我想，跟佛祖有關的四大聖樹最具代表性；
除此之外，須彌山上的花樹、四大部洲的大樹，
都是十分經典且不能遺漏的物種。

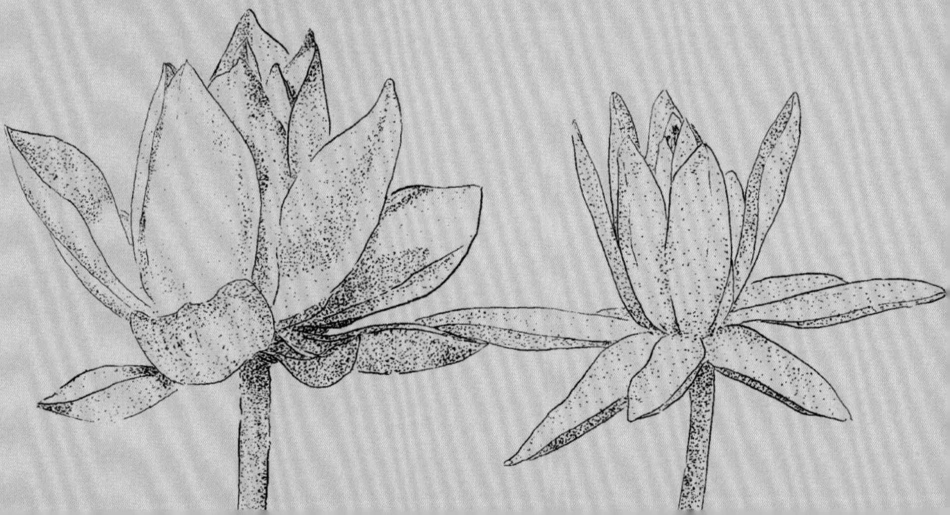

佛教經典的總集一般稱為《大藏經》，有許多版本，依語言又可分為漢文、藏文、巴利語三大體系，還被翻譯成西夏文、日文、蒙文、滿文等。近代較為完整的版本是《大正新脩大藏經》，簡稱《大正藏》。

一九二二年，也就是日本大正十三年，高楠順次郎和渡邊海旭組織大正一切經刊行會，小野玄妙等人負責編輯校勘，於一九三四年印行完成。

《大正藏》全部一百冊，一萬三千五百二十卷，八千零六百三十四頁，一億兩千萬餘字。分為正藏五十五冊、續藏三十冊與別卷十五冊，是當代收錄佛教資料最多的一部大叢書，也是各佛教寺廟與圖書館必備之大藏經版本。

大藏經第五十四冊《翻譯名義集》中，第三十一、三十二、三十三、三十四、三十七，整理了所有佛經中跟植物有關的詞彙，並區分林木、五果、百華、眾香、什物等五類。本書以此為本，並參考《佛學大辭典》、《佛光大辭典》，蒐集其他大藏經中未列的佛教傳說植物。

《翻譯名義集》是佛教辭典，由南宋僧人釋法雲所編。全書共七卷，六十四篇，解釋佛教名詞約四千八百條。該書編撰歷時二十餘年，參考書籍約四百多本，於一一四三年完成。

《佛學大辭典》是丁福保編著，以日本織田德能的《佛學大辭典》為本，刪除日本佛教相關資料後節譯，歷時八年完成，收錄三萬多個詞，於一九二二年出版。美國還以此為本，翻譯成英文版，於一九三七年出版《*A Dictionary of Chinese Buddhist Terms*》。

《佛光大辭典》由佛光山星雲法師監修，慈怡法師主編，於一九八八年完成，共收錄兩萬兩千六百多條獨立條目，十萬多項附件詞目，同時還有兩千七百多張圖片。

這三本書的成書日期不同，詞條當然也有差異。其中跟植物有關的詞條，雖然部分相同，卻還是有不同的地方。我盡可能蒐集所有跟植物有關的詞條，比對梵文辭典與佛經原文的說明，輔以植物地理學，考慮植物傳播歷史，盡可能查證。有些佛教植物自古以來就很明確，有些是國外有條列，但是漢文佛經與辭典一直沒有解釋。還有一些是不同國家的佛教自己發展出來的植物，無法於佛經找到出處，我則盡可能的將考證與推敲過程書寫下來。

至於植物的梵文部分，主要是參考英國語言學家莫尼爾・威廉姆斯[142]編著的梵文字典，以及荷蘭研究印度阿育吠陀醫學史的專家傑里特・揚・梅倫貝爾德[143]的著作。另外，印度生物多樣性資料庫[144]，以及阿育吠陀相關文獻與網站，也都會介紹這些植物的梵文。我對於每一種植物的梵文名稱，皆交叉比對四處以上不同來源。

本書主要分成兩個部分，除了從植物的角度介紹佛教植物，也介紹我特別喜歡的植物園。同時將我所認識的佛教，包含佛教的經典、人物、歷史，還有一些印度文化，對我們日常生活的影響，都記錄下來。

除了前面十三章所列的植物，還有一些佛教植物，可能有引進，也可能沒有引進，無法歸入前面章節，我都條列於本章。

本書用佛祖出家前的名字——悉達多來借代佛教，分享我這些年來考證或查到的所有佛教植物。讓大家可以看看這些植物的真實樣貌，還有我究竟在哪些植物園或校園找到這些植物。

142 英文：Monier Monier-Williams
143 英文：Gerrit Jan Meulenbeld
144 India Biodiversity Portal 網站（https://indiabiodiversity.org/）

如果想要打造一處佛系植物園，我想，跟佛祖有關的四大聖樹最具代表性；除此之外，須彌山上的花樹、四大部洲的大樹，都是十分經典且不能遺漏的物種；還有跟佛教護法有關的花草樹木、其他典故中的植物，全部種類合計近百種。當中有不少常見且具有觀賞價值的種類，值得收集並栽培。

目前各地佛寺、植物園，蒐集的佛教植物種類皆不多，大概就是一、二十種。期待有天能夠有一處，依照佛經對植物的分類，完整蒐集這些花木，分區栽培，再現悉達多的花園。

• 高雄市立美術館入口處的北齊佛立像

五樹六花
共十一種植物？

闊葉榕

地湧金蓮

文殊蘭

《翻譯名義集》：「布瑟波。此云華。弗把提。此云天華。須曼那。或云須末那。又云蘇摩那。此云善攝意。又云構意華。」

《一切經音義》：「拘蘇摩花，此之一名有通有別謂，但草木諸花遍名拘蘇。」

《一切經音義》：「須曼那花，亦云蘇摩那，此云好意花也。」

因為起源於生物多樣性相當高的熱帶季風雨林，佛教對花、草、樹木十分重視，除了前面各章節介紹的眾多植物，還有所謂的「五樹六花」。

梵文稱花為 पुष्प，轉寫為 puspa，佛經上音譯為布瑟波，又稱做 कुसुम，轉寫為 Kusuma，音譯為拘蘇摩、俱蘇摩、拘蘇摩。也稱 सुमनस，轉寫為 sumanas，音譯為須曼那、蘇蔓那、蘇摩那。樹則被稱為畢利叉、畢落叉或波羅叉，梵文是 वृक्ष，轉寫為 vrksa。

網路上關於「五樹六花」的資料繁多，有些甚至說佛寺栽培「五樹六花」有千年的歷史。可無論是唐代的《一切經音義》、北宋的《翻譯名義集》、十九世紀初的《佛學大辭典》，一直到一九八八年的《佛光大辭典》，都沒有記載，甚至查遍漢文古文，也都沒有找到。爬梳各種資料後，目前找到最早提到五樹六花的文獻，是一九九二年刀國棟的著作《傣族歷史文化漫談》。從相關資料與植物種類，推測五樹六花的起源應是雲南傣族。

目前公認五樹是菩提樹、闊葉榕、檳榔樹、鐵力木、貝葉棕或糖棕這六種；有些則把可可椰子算進去。這些樹木除了闊葉榕，其他都是前面各章節介紹過的佛教植物。雲南西雙版納傣族信仰的南傳佛教，與斯里蘭卡、緬甸、泰國、柬埔寨、寮國等國相同。這些佛教植物中，菩提樹、檳榔樹、貝葉棕、糖棕、可可椰子，自然分布地不包含西雙版納，但是應該自古便引進西雙版納地區。

鐵力木在西雙版納廣泛栽培，不確定它是雲南原生植物還是歸化植物。只有闊葉榕是西雙版納原生植物。闊葉榕又稱大青樹或高山榕，從植物形態來看，無論葉片或支柱根，都與尼拘陀——孟加拉榕非常相似，若不仔細觀察，極容易混淆。所以我推測，最早將闊葉榕當成五樹來栽培的原因，不是它自古在西雙版納即是聖樹，就是和孟加拉榕搞混了。

再看六花，一般說是蓮花、文殊蘭、薑黃花、緬梔、金玉蘭、地湧金蓮。除此之外，雲南不同地方有不同的看法，被當作六花來栽培的還有鳳凰木、黃色野薑花、朱槿、雞冠刺桐等。除了蓮花、薑黃花、金玉蘭，其他植物在佛經中都找不到資料。地湧金蓮是西雙版納特有的芭蕉科植物，更加可以印證五樹六花是源自雲南傣族。

上述植物中，文殊蘭與俗稱佛桑花的朱槿，都是亞洲原生植物，分布十分廣泛，雲南應該自古就有栽培，會被當作五樹六花，推測是受到名稱的影響。而且文殊蘭是阿育吠陀植物，其根、莖、葉可供藥用，治療關節炎、肺炎、支氣管炎、發燒、頭痛等症狀。黃色野薑花應該是因為俗稱黃薑花，被誤以為是佛經中稱為黃薑的薑黃；緬梔與雞冠刺桐原產於美洲，引進西雙版納的時間應該是近一、兩百年的事；鳳凰木原產於馬達加斯加，應該也是十八、十九世紀引進東亞。

從這些植物的來源推敲，五樹六花被廣泛栽培在西雙版納地區的佛寺，應該不超過兩百年；而本島開始流行所謂的五樹六花，應該是在一九九六年引進地湧金蓮後，園藝廠商為了推廣栽培該植物才發生。

圖鑑

闊葉榕

形態近似佛經裡的尼拘陀（孟加拉榕）

學名	科名
Ficus altissima Blume	桑科 (Moraceae)

原產地

印度阿薩姆、不丹、尼泊爾、中國雲南與海南、緬甸、泰國、越南、安達曼、尼古巴、馬來半島、蘇門答臘、爪哇、西里伯斯、菲律賓

生育地	海拔高
山區或平原潮濕森林	100-2000m

形態

大喬木，高可達30公尺，具板根及支柱根。單葉，全緣，互生。隱花果腋生，長橢圓形，成熟時橙黃色。

闊葉榕的果實與葉子

闊葉榕的板根與支柱根也十分發達

圖鑑

地湧金蓮

花序彷若蓮花，西雙版納特有芭蕉科植物

學名

Ensete lasiocarpum (Franch.) Cheesman / *Musella lasiocarpa* (Franch.) C.Y. Wu

科名

芭蕉科 (Musaceae)

原產地

中國雲南

生育地

山地森林邊緣

海拔高

1500-2500m

形態

多年生草本，根莖橫走於地表，假莖直立，叢生，高可達 2 公尺。單葉，互生，全緣，交疊於假莖之上。單性花，雌雄同株，穗狀花序短而直立於假莖頂，苞片黃色，貌似蓮花。果實為漿果。

地湧金蓮開花時沒有葉，長葉時通常不會開花

地湧金蓮的花序彷彿一朵蓮花

圖鑑

文殊蘭

栽培與分布十分廣泛，也是阿育吠陀藥用植物

學名

Crinum asiaticum L.

科名

石蒜科
(Amaryllidaceae)

原產地

模里西斯、印度、斯里蘭卡、中國南部、緬甸、泰國、越南、馬來西亞、印尼、新幾內亞、索羅門、澳洲北部、太平洋島嶼

生育地

海岸沙地或海岸林緣

海拔高

近海岸

形態

多年生草本，根莖直立，高可逾 1 公尺。單葉，叢生莖頂，全緣。花白色，繖形花序腋生。蒴果有海綿組織，可以海漂。

文殊蘭是海岸常見植物　攝影｜王秋美

迦囉毘囉
羊躑躅

夾竹桃

《陀羅尼集經》：「若人患眼闇，取迦囉毘囉樹脂，唐云羊躑躅也。呪三七遍以塗眼上。患眼闇人即得見明也，若採其葉即脂汁出。」

《一切經音義》：「羊躑躅有大毒，三月採花，其花黃色，或五色。羊誤食其花葉，躑躅而死，因以為名。古今正字並從足，形聲字，或作蹢蠋字也。」

迦囉毘囉梵文是करवीर，轉寫為 karavira，即有名的劇毒植物夾竹桃。佛經上又說是羊躑躅，可能是把它跟杜鵑花科的有毒植物羊躑躅[145]搞混了。杜鵑花科的羊躑躅花是黃色，又稱黃花杜鵑，是中國原生植物，而夾竹桃通常是粉紅色花。兩種植物都含有劇毒，強烈建議不要任意採摘。

在阿育吠陀，夾竹桃的根皮、葉子、花、種子可供藥用，主要是外敷為主，內服需要控制劑量，必須在醫生指示下使用。可以治療皮膚、泌尿系統問題，以及便祕、痔瘡、蛇毒、寄生蟲、梅毒等。而其葉片的萃取液，用於治療眼睛發炎或疲勞，這點與佛經上的用途類似。

145 拉丁學名：*Rhododendron molle*

圖鑑

夾竹桃

有名的劇毒植物，阿育吠陀以外敷為主

學名

Nerium oleander L. / *Nerium indicum* Mill.

科名

夾竹桃科 (Apocynaceae)

原產地

原產地不詳，舊世界廣泛可見

生育地

野外生長環境不詳

海拔高

不詳

形態

灌木，高可達5公尺。單葉，細長，輪生或對生。花桃紅色或粉紅色、白色，聚繖花序頂生。蓇葖果。

夾竹桃的花十分美麗，是全世界普遍栽培的觀賞植物

末利與婆利師迦

茉莉花

《一切經音義》：「末利，香末利者，花名也，其花黃金色。」

《翻譯名義集》：「末利，亦云摩利。此云柰，又云鬘華，堪作鬘故。善見律云，廣州有其華，藤生。」

《一切經音義》：「婆利師迦，此云雨時生者花，即以此花和合為香，故還立此名，案梵語云。婆利師，此云雨也；迦者，時也。其花要至雨時方生，故名也。」

大家熟悉的茉莉花也是佛教植物，梵文是मल्लिका，轉寫為mallika，最初翻譯做末利或摩利。另外，佛經上有一種花稱做婆利師迦，很可能也是指茉莉。因為茉莉花的梵文也稱वार्षिकी，轉寫為varsiki，而且花有香氣，與佛經描述相同。也譯為婆師迦、婆利史迦羅、婆栗史迦、波師。

在阿育吠陀中，茉莉花的樹皮、葉、花可以供藥用，治療皮膚相關問題、皮下寄生蟲、牙痛、頭痛、發炎、傷口、眼部疾病與勃起障礙等。

它是熱帶地區十分常見的半蔓性灌木，除了觀賞，也常做花茶。根據文獻記載，一六六一年即自福建引進。

圖鑑

茉莉花

花有香氣，常見觀賞植物

學名	科名
Jasminum sambac (L.) Ait.	木犀科 (Oleaceae)

原產地

印度、東南亞

生育地	海拔高
潮濕熱帶，野外生長環境不詳	600m 以下

形態

蔓性灌木。單葉，對生，全緣，被柔毛。花白色，聚繖花序腋生或頂生。鮮少結果。

茉莉花是常見的觀賞植物

攝影—王秋美

茉莉花的葉片油亮

闍提

素馨花

《翻譯名義集》：「闍提，此云金錢華。」

《妙法蓮華經》：「以是清淨鼻根，聞於三千大千世界、上下內外種種諸香，須曼那華香、闍提華香、末利華香、瞻卜華香、波羅羅華香，赤蓮華香、青蓮華香、白蓮華香，華樹香、果樹香，栴檀香、沈水香、多摩羅跋香、多伽羅香，及千萬種和香。」

素馨花是佛經中的闍提，梵文是जाति或जाती，轉寫為jati，又音譯做闍帝或闍底。與茉莉花同屬，也是熱帶地區常見的觀賞植物。

它與茉莉花一樣是阿育吠陀的藥用植物，使用方式與療效大致相同，在印度普遍使用。花有香氣，印度的宗教儀式中大量使用；也用於女性裝飾，加入沐浴的水中；還可蒸餾萃取精油，製作香水。

最早於一八八一年自福建引進，一九〇〇年又自日本引進，通常做為蔭棚植物，但是不如茉莉花常見。

圖鑑

素馨花

常見觀賞植物，與茉莉花同屬，花比較長

學名	科名
Jasminum grandiflorum L.	木犀科 (Oleaceae)

原產地

東非、南亞至中國南部

生育地	海拔高
開闊地	500m 以下

形態

蔓性灌木。一回羽狀複葉，對生，小葉全緣。花白色，聚繖花序腋生或頂生。果實為漿果，球形，成熟時黑色。

素馨花的花比較長

攝影—王秋美

多伽羅

山馬茶

《一切經音義》：「多伽羅香，此云根香。」

《翻譯名義集》：「多伽羅，或云多伽留，此云根香。大論云多伽樓木，香樹也。」

佛經上多伽羅是音譯自梵文तगरक，轉寫為tagaraka，也譯做伽羅樹、多伽留、多伽樓、多揭羅，即熱帶地區常見栽培的觀賞花木山馬茶，又稱馬蹄花、馬茶花。開花時香氣濃郁，一般看到多是育種過的重瓣品種。

在阿育吠陀中，它的根、莖、葉可供藥用，治療傷口、蛇咬、肝病、皮膚病、眼睛疾病等。一九二〇年引進，各地普遍栽培。

• 山馬茶是常見的觀賞花木

圖鑑

山馬茶

花香濃郁，熱帶地區常見觀賞花木

學名	科名
Tabernaemontana divaricata (L.) B. Br	夾竹桃科 (Apocynaceae)

原產地

印度、緬甸、泰國、中國雲南

生育地	海拔高
山地疏林	0-1600m

形態

灌木，高可達 5 公尺。單葉，對生或輪生，全緣。花白色，聚繖花序腋生或頂生。蓇葖果。

常見的山馬茶多半是重瓣的品種

攝影─工秋美

與佛祖相關	佛教傳說世界	其他佛教人物或護法	玄奘西行記錄	阿育吠陀	可食植物	台北植物園	彰化歡喜園	竹山下坪熱帶植物園	美濃雙溪熱帶樹木園	台灣大學	中興大學	頁碼
●			●	●		●	●				●	44
●		●	●	●								46
●		●	●	●			●（近似種登吉紅柳桉）		●（近似種登吉紅柳桉）		●（近似種紅柳桉）	52
●			●	●		●	●（近似種中國無憂）				●	62
●				●		●		●	●	●	●	70
	●			●		●		●		●		86
	●		●	●	果							88
	●		●	●	果	●				●	●	92
	●	●		●		●	●			●		98
	●			●	花							100
	●			●		●						106
	●			●		●	●					108
	●			●								112
	●			●								113

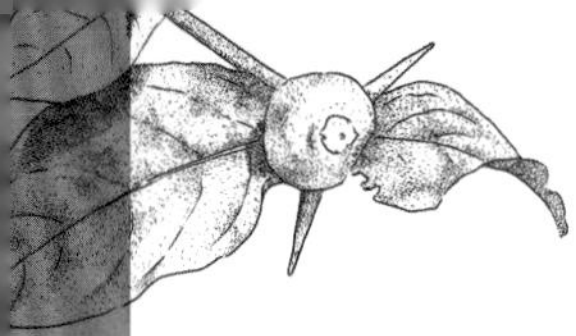

中名	佛經名	梵文	學名	科別
菩提樹	倍多樹、畢缽羅、阿說他、阿輸陀、阿濕婆他、阿舍婆陀、元吉樹、寂場樹、活兒子	बोधिवृक्ष（Bodhivriksha）、पिप्पल（Pippala）、अश्वत्थ（azvattha）	*Ficus religiosa* L.	桑科
吉祥草、羽穗草	吉祥草、吉祥茅、姑尸草、姑奢、俱舒、矩尸、上茆、茆草、犧牲草	कुश（kuza）	*Desmostachya bipinnata* (L.) Stapf、*Poa cynosuroides* Retz.、*Briza bipinnata* L.	禾本科
娑羅樹	沙羅雙、娑羅雙、娑羅、堅固林	शाल（sala）、साल（zala）	*Shorea robusta* Roth	龍腦香科
無憂樹	阿輸迦、阿娑迦、阿戌迦	अशोका（azoka）	*Saraca asoca* (Roxb.) Wilde、*Saraca indica* L.	豆科
黑板樹、糖膠樹	七葉樹、薩多邠那、薩多般羅那	सप्तपर्ण（saptaparna）	*Alstonia scholaris* (L.) R. Brown	夾竹桃科
卡鄧伯木、團花	迦曇波、迦曇婆	कदम्ब（kadamba）	*Neolamarckia cadamba* (Roxb.) Bosser	茜草科
馬拉巴柿、黑白檀、呂宋毛柿	鎮杜迦、鎮頭迦	तिन्दुक（tinduka）	*Diospyros malabarica* (Desr.) Kostel、*Diospyros embryopteris* Pers.	柿樹科
肯氏蒲桃、堇寶蓮、佳孟果	閻浮樹、贍部	जम्बु（jambu）	*Syzygium cumini* (L.) Skeels	桃金孃科
刺桐	波利質多羅、波利耶怛羅拘陀羅、婆利質多羅、波羅質多羅、婆利質羅、婆疑質垢、婆利耶怛羅拘陀羅、婆唎耶呾羅拘毘陀羅、波利、香遍樹、天樹王	पारिभद्र（paribhadra）、पारिजात（parijata）	*Erythrina variegata* L.	豆科
夜花	婆利質羅、婆疑質垢、波利	पारिजात（parijata）	*Nyctanthes arbor-tristis* L.	木犀科
猿尾藤	阿提目多迦、阿地目得迦	अतिमुक्त（atimukta）	*Hiptage benghalensis* (L.) Kurz	黃褥花科
臭娘子、壽娘子、傘序臭黃荊	阿提目多伽、阿地目得迦	अतिमुक्तक（atimuktaka）	*Premna serratifolia* L.、*Premna corymbosa* (Burm. f.) Roottl. et Willd.	馬鞭草科
藍睡蓮、青蓮華	優鉢羅、烏缽羅、優缽羅華、波羅華、尼羅烏缽羅、泥盧缽羅	उत्पल（utpala）、नीलोत्पल（nilotpala）	*Nymphaea nouchali* Burm. f.、*Nymphaea cyanea* Roxb. ex G.Don	睡蓮科
柔毛睡蓮	拘勿投、拘勿頭、拘物頭、拘牟頭、拘牟那、拘貿頭、拘母陀、拘物陀、拘物度、拘貿、句文羅、地喜花、黃蓮華	कुमुद（kumuda）、रक्तकुमुद（raktakumuda）	*Nymphaea pubescens* Willd.、*Nymphaea rubra* Roxb. ex Andrews	睡蓮科

與佛祖相關	佛教傳說世界	其他佛教人物或護法	玄奘西行記錄	阿育吠陀	可食植物	台北植物園	彰化歡喜園	竹山下坪熱帶植物園	美濃雙溪熱帶樹木園	台灣大學	中興大學	頁碼
	●			●	莖、果							114
	●	●		●	莖、果	●						114
	●		●	●	果							123
	●			●	果	●						124
	●			●								132
	●					●						137
		●		●		●	●					150
	●	●	●	●								155
		●		●		●				●		156
		●		●								162
		●		●		●						164
		●		●								175
		●		●								176
		●		●							●	180

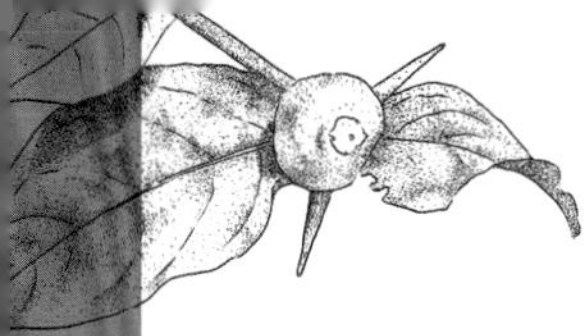

中名	佛經名	梵文	學名	科別
蓮花、荷花	鉢特摩、鉢頭摩、波曇、缽曇、缽頭摩	पद्म（padma）	*Nelumbo nucifera* Gaertn.	蓮科
蓮花、荷花	分陀利、分荼利迦、芬陀利、分荼利迦、芬陁利、分荼利華、奔荼利迦、奔荼利迦、本拏哩迦、奔荼利、奔荼	पुण्डरीक（pundarika）	*Nelumbo nucifera* Gaertn.	蓮科
長葉馬府油樹	末杜迦果、末度迦、摩頭	मधुशाख（madhusakha）、मधूक（madhuka）	*Madhuca longifolia* (J.Konig) J.F.Macbr.、*Bassia latifolia* Roxb.	山欖科
香欖、牛油果、猿喜果	無	बकुल（bakula）、मकुल（makula）、मकुर（makura）	*Mimusops elengi* L.	山欖科
曼陀羅花、漫陀羅	曼陀羅、漫陀羅、白華、圓華、白團華、適意華、悅意華、雜色華、柔軟華、天妙華	मण्डल（mandala）、धत्तूर（dhattura）	*Datura metel* L.	茄科
紅花石蒜	曼殊沙華、曼殊沙、曼殊顏、小赤華、小赤團華、赤團花、藍花、柔軟花	मञ्जूषक（Manjusaka）	*Lycoris radiata* (L'Hér.) Herb.	石蒜科
金玉蘭	苫末羅、瞻蔔、瞻蔔迦花、瞻博迦、拘吒賒摩利、居吒奢摩離	चम्पक（campaka）	*Magnolia champaca* (L.) Baill. ex Pierre、*Michelia champaca* L.	木蘭科
波吒釐樹	波吒釐樹、波吒羅、缽怛羅、黃桐波吒羅、蕾香缽怛羅、重葉樹	पाटला（patala）	*Stereospermum chelonoides* (L.f.) DC.、*Bignonia suaveolens* Roxb.	紫葳科
大葉合歡、合昏、合歡	尸利沙、舍離沙	शिरीष（zirisa）	*Albizia lebbeck* (L.) Benth.	豆科
鐵力木	那伽、奔那伽、龍樹華、龍華樹	नागाह्व（nagahva）、पन्नगकेसर（pannagakesara）	*Mesua ferrea* L.	金絲桃科、藤黃科
瓊崖海棠、紅厚殼、胡桐	那伽、奔那伽、龍樹華、龍華樹	नागाह्व（nagahva）、पन्नगकेसर（pannagakesara）	*Calophyllum inophyllum* L.	金絲桃科、藤黃科
懷特沒藥	掘具羅、求求羅、窶具攞、拙具羅香、乾陀羅、乾陀囉樹、健陀	गुग्गुल（guggula）、ग्रन्थिक（granthika）	*Commiphora wightii* (Arn.) Bhandari	橄欖科
土牛膝	阿波末利伽、阿波末利加、阿婆末唎、阿波麼羅誐	अपामार्ग（apamarga）	*Achyranthes aspera* L.	莧科
三果木、阿江欖仁	阿順那、阿周陀那、頞順那、阿闍那、阏剌樹那、夷離淳那	अर्जुन（Arjuna）	*Terminalia arjuna* (Roxb. ex DC.) Wight & Arn.	使君子科

與佛祖相關	佛教傳說世界	其他佛教人物或護法	玄奘西行記錄	阿育吠陀	可食植物	台北植物園	彰化歡喜園	竹山下坪熱帶植物園	美濃雙溪熱帶樹木園	台灣大學	中興大學	頁碼
		●		●								186
			●	●	葉、果	●					●	196
			●	●	果		●					199
			●	●	果							201
			●	●	果							203
			●	●	葉、果		●					205
			●	●	果		●				●	208
			●	●		●		●				211
			●	●								214
				●								223
				●		●		●	●			225
				●								226
				●	葉							229
				●								231
				●								235

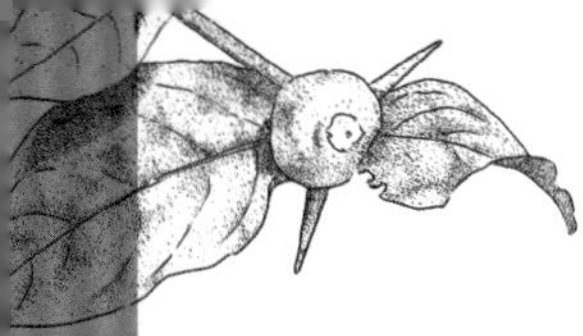

中名	佛經名	梵文	學名	科別
皇冠花、牛角瓜	遏迦花、阿迦、何羅歌、阿羅歌、阿迦、白華	आर्क（arka）、अर्क（arka）、अलाक（alaka）	*Calotropis gigantea* (L.) W.T.Aiton	夾竹桃科
羅望子、酸豆	庵弭羅果	आम्ल（amla）、आम्लीका（amlika）、आम्लिका（amlika）	*Tamarindus indica* L.	豆科
油柑、餘甘子	阿末羅果、阿摩勒、阿末羅、菴摩羅、菴摩洛迦、菴摩勒、阿摩洛迦、菴羅衛、菴沒羅、庵沒羅	आमलक（Amalaka）	*Phyllanthus emblica* L.	大戟科、葉下珠科
紅棗、棗	跋達羅果	बदर（badara）	*Ziziphus jujuba* Mill.	鼠李科
象橘、木蘋果	劫比他果、迦毘陀、迦卑他、劫比陀、柯必他、迦捭多羅	कपित्थ（kapittha）、कपित्थक（kapitthaka）	*Limonia acidissima* L.、*Feronia limonia* (L.) Swingle	芸香科
辣木	茂遮果	मेचक（mecaka）、मुरुङ्गी（murungi）	*Moringa oleifera* Lam.	辣木科
可可椰子	那羅雞羅果、那利羅、捺唎羅吉唎、那利薊羅果	नारिकेल（narikela）	*Cocos nucifera* L.	棕櫚科
檀香、印度檀香、白檀香	栴檀那、栴檀、牛栴、旃檀娜、旃檀那、摩羅度	चन्दन（candana）	*Santalum album* L.	檀香科
印度乳香	薰陸香、君杜嚕	कुन्दुरु（kunduru）	*Boswellia serrata* Triana & Planch.	橄欖科
馬來沉香、沉香	阿伽嚧	अगुरु（aguru）	*Aquilaria malaccensis* Lam.、*Aquilaria agallocha* Roxb.	瑞香科
粗糠柴	阿盧那香、阿盧那花、阿盧那、阿樓那、阿留那	अरुण（aruna）	*Mallotus philippensis* (Lam.) Müll. Arg.	大戟科
紅藤仔草	阿盧那香、阿盧那花、阿盧那、阿樓那、阿留那	अरुण（aruna）	*Rubia cordifolia* L.	茜草科
丁香羅勒	阿梨、頞杜迦曼折利、頞杜迦、曼折利	अर्जक（arjaka）	*Ocimum gratissimum* L.	唇形科
兒茶	珂梨羅、軻地羅、佉陀羅、佉提羅迦	घन-खदिर（ghana-khadira）	*Senegalia catechu* (L.f.) P.J.H.Hurter & Mabb.、*Acacia catechu* (L.) Willd.	豆科
牧豆樹	奢彌	शमी（sami）	*Prosopis cineraria* (L.) Druce、*Prosopis spicigera* L.	豆科

與佛祖相關	佛教傳說世界	其他佛教人物或護法	玄奘西行記錄	阿育吠陀	可食植物	台北植物園	彰化歡喜園	竹山下坪熱帶植物園	美濃雙溪熱帶樹木園	台灣大學	中興大學	頁碼
				●								236
				●	葉、花							238
				●								241
				●	莖	●						243
				●								246
				●	果							253
				●	果							255
		●	●	●	果	●						257
				●	果	●						259
				●	果							261
				●	果			●（近似種圓滑果）				263
				●	果							265
				●	果							267
				●	樹皮、葉							269

中名	佛經名	梵文	學名	科別
多刺兒茶	奢彌	शमी（sami）	*Senegalia polyacantha* (Willd.) Seigler & Ebinger、*Acacia polyacantha* Willd.	豆科
印度楝	賃婆、任婆、絍婆	निम्ब（nimba）、ज्येष्ठामलक（jyesthamalaka）	*Azadirachta indica* A. Juss.	楝科
香根草、岩蘭草	嗢尸羅、優尸羅、烏施羅	उशीर（usira）	*Chrysopogon zizanioides* (L.) Roberty、*Vetiveria zizanioides* (L.) Nash、*Andropogon muricatum* Retz.	禾本科
甜根子草	伊師迦、堅蘆	इषीका（isika）	*Saccharum spontaneum* L.	禾本科
蓖麻	伊蘭	एरण्ड（eranda）、एरण्डक（erandaka）、एरण्डपत्त्रक（erandapattraka）	*Ricinus communis* L.	大戟科
椰棗	朅樹羅、渴樹羅	खर्जूर（kharjura）	*Phoenix dactylifera* L.	棕櫚科
胡桃、核桃	播囉師、播囉史、阿乞朝囉	पार्वतीय（parvatiya）、अक्षोट（aksota）	*Juglans regia* L.	胡桃科
石榴	吉祥果、鬼怖木	दालिम（dalima）	*Punica granatum* L.	千屈菜科
枸櫞	俱緣果、子滿果、布羅迦果	बीजपूरक（bijapuraka）	*Citrus medica* L.	芸香科
木敦果、硬皮橘、木蘋果、貝兒果	比羅果、頻螺、毘羅婆、毘利婆、必立皤	बिल्व（bilva）、कपीतन（kapitana）	*Aegle marmelos* (L.) Corrêa	芸香科
刺瓊梅	末達那、摩陀那、摩達那、摩陀羅、醉果	मादन（madana）	*Meyna spinosa* Roxb. ex Link、*Vangueria spinosa* (Roxb. ex Link) Roxb.	茜草科
胡椒	末栗者、摩哩者	मरिच（marica）	*Piper nigrum* L.	胡椒科
芝麻、胡麻	胡麻	तिल（tila）	*Sesamum indicum* L.	胡麻科
印度肉桂	多摩羅跋香、多阿摩羅跋陀羅、跋陀羅、藿葉香、赤銅葉藿香	तमालपत्त्र（tamalapattra）、पत्त्रक（pattraka）	*Cinnamomum tamala* (Buch.-Ham.) T. Nees & Nees	樟科

與佛祖相關	佛教傳說世界	其他佛教人物或護法	玄奘西行記錄	阿育吠陀	可食植物	台北植物園	彰化歡喜園	竹山下坪熱帶植物園	美濃雙溪熱帶樹木園	台灣大學	中興大學	頁碼
				●	莖	●						271
				●	花							273
				●		●						284
		●	●	●	果	●						288
				●		●						292
	●			●		●						295
	●			●	果	●						296
			●	●		●	●			●		306
	●		●	●	果	●	●	●		●	●	309
		●		●				●	●			319
			●	●	果	●	●	●	●			322
			●									333
							●		●			334

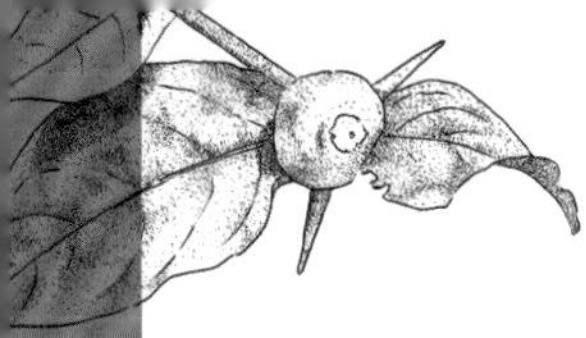

中名	佛經名	梵文	學名	科別
薑黃	呵梨陀	हरिद्रा（haridra）	*Curcuma longa* L.、*Curcurma domestica* Valeton	薑科
番紅花	茶矩磨、鬱金、鬱金香、茶矩磨、共矩麼	कुङ्कम（kunkuma）	*Crocus sativus* L.	鳶尾科
貝羅里加欖仁樹	毗黎勒、毘醯勒、鞞醯勒、毘梨勒、毘鞞得迦、尾吠怛迦	विभीतक（vibhitaka）、वहेदक（vahedaka）、बहेटक（bahetaka）	*Terminalia bellirica* (Gaertn.) Roxb.	使君子科
優曇華、聚果榕	優曇鉢羅、烏曇跋羅、優曇波羅花、優曇婆羅花、烏曇婆羅華、烏淡跋羅、拘鼊	उडुम्बर（udumbara）	*Ficus racemosa* L.	桑科
球果杜英、圓果杜英、印度念珠樹、金剛樹、金剛菩提子	惡叉聚、惡叉	रुद्राक्ष（rudraksa）	*Elaeocarpus angustifolius* Blume、*Elaeocarpus sphaericus* (Gaertn.) K. Schum.	杜英科
貝葉棕	多羅樹、七多羅樹、貝多羅	ताल（tala）	*Corypha umbraculifera* L.	棕櫚科
扇椰子、糖棕	多羅樹、七多羅樹、貝多羅	ताल（tala）	*Borassus flabellifer* L.	棕櫚科
孟加拉榕	尼拘陀、尼拘律、尼瞿陀、尼俱陀、尼拘律、尼拘律陀、尼拘尼陀、尼拘盧陀、尼俱類、尼俱律、尼拘類陀、尼拘婁陀、尼拘屢陀、尼俱盧陀、諾瞿陀、縱廣樹	न्यग्रोध（nyagrodha）	*Ficus benghalensis* L.	桑科
芒果	菴羅、菴婆羅、庵羅波利、菴婆羅多迦	आम्र（amra）、अम्लफल（amlaphala）、आम्रफल（amraphala）	*Mangifera indica* L.	漆樹科
訶黎勒、訶梨勒	訶黎勒、訶梨勒、迦羅勒、呵梨勒、訶子、呵子	हरीतकी（haritaki）、हरितकी（haritaki）	*Terminalia chebula* Retz.	使君子科
波羅蜜	婆那娑、波那娑、半娜婆、半娜、半橃娑、半娜娑、般核娑、婆那婆、波那婆、阿薩觶	पनस（panasa）	*Artocarpus heterophyllus* Lam.	桑科
羯布羅香、龍腦香、油樹	龍腦香、羯布羅香、羯婆羅、劫布羅	कर्पूरस्（karpura）	*Dipterocarpus turbinatus* Gaertn. f.	龍腦香科
大花龍腦香、大花羯布羅香	無	無	*Dipterocarpus grandiflorus* Blanco	龍腦香科

與佛祖相關	佛教傳說世界	其他佛教人物或護法	玄奘西行記錄	阿育吠陀	可食植物	台北植物園	彰化歡喜園	竹山下坪熱帶植物園	美濃雙溪熱帶樹木園	台灣大學	中興大學	頁碼
									●			336
				●	葉、果		●		●		●	339
				●		●		●		●	●	357
				●	果	●	●	●	●	●	●	359
				●	花	●	●			●	●	362
				●		●	●	●		●		365
				●							●	377
	●			●	花、果	●	●			●	●	380
				●	果	●	●	●			●	384
				●	葉、果							385
						●		●		●		394
					（果會致癌）	●						396
				●						●		398
				●								401
				●	花	●						403
				●								405
				●		●	●	●				407

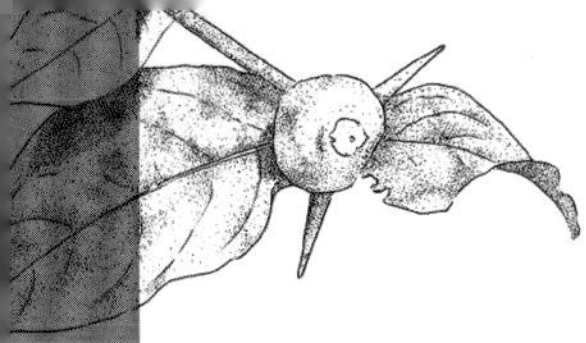

中名	佛經名	梵文	學名	科別
細枝龍腦香	無	無	*Dipterocarpus gracilis* Blume	龍腦香科
紅瓜、鳳鬚菜、鳳鮮菜	頻婆	बिम्ब（bimba）	*Coccinia grandis* (L.) Voigt	瓜科
槭葉翅子木	迦尼割羅、迦尼迦、迦羅迦	कर्णिकार（Karnikara）	*Pterospermum acerifolium* (L.) Willd.、*Pterospermum diversifolium* Blume	錦葵科或梧桐科
阿勃勒	迦尼割羅、迦尼迦、迦羅迦	कर्णिकार（Karnikara）	*Cassia fistula* L.	豆科
木棉	劫貝、如意樹、劫波薩、劫波育、劫波娑、劫婆羅樹、劫波樹、劫樹、劫波羅	कर्पास（Karpasa）	*Bombax ceiba* L.	錦葵科 木棉亞科
無患子、黃目子	阿梨咤、阿梨吒、木槵子、阿梨瑟迦紫	अरिष्टक（aristaka）、 अरिष्ट（arista）	*Sapindus saponaria* L.	無患子科
膠蟲樹、紫礦、紫鉚	波羅奢華、鉢羅奢糵	पलाश（palasa）	*Butea monosperma* (Lam.) Taub.	豆科
羊蹄甲	俱毘陀羅、拘鞞陀羅、拘毘羅	कोविदार（kovidara）	*Bauhinia variegata* L.	豆科
檳榔	檳榔		*Areca catechu* L.	棕櫚科
荖藤	擔步羅葉、瞻步羅	ताम्बूल（tambula）	*Piper betle* L.	胡椒科
闊葉榕、高山榕、大青樹	無	無	*Ficus altissima* Blume	桑科
地湧金蓮	無	無	*Ensete lasiocarpum* (Franch.) Cheesman、*Musella lasiocarpa* (Franch.) C.Y. Wu	芭蕉科
文殊蘭	無	無	*Crinum asiaticum* L.	石蒜科
夾竹桃	羊躑躅、迦囉毘囉	करवीर（karavira）	*Nerium oleander* L.、*Nerium indicum* Mill.	夾竹桃科
茉莉花	末利、摩利、末羅、婆師迦、婆利師迦、婆利史迦羅、婆栗史迦、波師	मल्लिका（mallika）、 वार्षिकी（varsiki）	*Jasminum sambac* (L.) Ait.	木犀科
素馨花	闍提	जाति（jati）、 जाती（jati）	*Jasminum grandiflorum* L.	木犀科
山馬茶	多伽羅、伽羅樹、多伽羅香、多揭羅	तगरक（tagaraka）	*Tabernaemontana divaricata* (L.) B. Br	夾竹桃科

參考文獻

Always Ayurveda網站（https://www.alwaysayurveda.com/）。

Ayurvedic Medicinal Plants of Sri Lanka網站（http://www.instituteofayurveda.org/plants/）。

Ayurwiki網站（https://ayurwiki.org/Ayurwiki/Main_Page）。

Cybelle Shattuck，Hinduism。楊牧寧譯，1999。印度教的世界（初版）。貓頭鷹。

Easy Ayurveda網站（https://easyayurveda.com/）。

India Biodiversity Portal網站（https://indiabiodiversity.org/）。

L. D. Kapoor，2001。Handbook of Ayurvedic Medicinal Plants: Herbal Reference Library（1st Edition）。CRC Press。

Lakshmi C. Mishra，2003。Scientific Basis for Ayurvedic Therapies（1st Edition）。CRC Press。

Max Weber，Hinduismus und Buddhismus。康樂、簡惠柏譯，1996。印度的宗教：印度教與佛教（初版）。遠流。

Planet Ayurveda網站（https://www.planetayurveda.com/）。

Shravasti Dhammika，2015。Nature and the Environment in Early Buddhism。Buddha Dhamma Mandala Society。Singapore。

Steve Parker，2019。DK醫學史：從巫術、針灸到基因編輯（簡體書）（初版）。中國：中信出版社。

talkop海賊王，2019。海賊王中的佛學文化探析，至少有10個人跟「佛」有關係。每日頭條。

Thomas R. Trautmann，India：Brief History of a Civilization second edition。林玉菁譯，2018。印度：南亞文化的霸權（初版）。時報文化。

さとう有作、重信秀年、田中治郎，お寺の 像 イラスト 鑑 見わけかたがわかる本。趙鴻龍譯，2019。寺院佛像手繪圖鑑：從姿勢、容貌、持物理解佛像的奧祕（初版）。楓書坊。

ฟ้า ถังคบุตร，2019。泰王加冕儀式中的幾種植物。曼谷一滴 วันดี。

丁清泉等，1999。台北植物園自然教育解說手冊1（初版）。行政院農業委員會。

大場秀章，早田文藏。汪佳琳譯，2017。早田文藏BUNZO HAYATA(中文版/精裝)（初版）。行政院農業委員會林業試驗所。

小劉讀經史，2018。淺談金庸的武俠世界與佛教思想。每日頭條。

中央研究院「紅唇膐與黑齒：檳榔文化特展」網站（http://betelnut.asdc.sinica.edu.tw/）。

三中信宏，2013。南方曼陀羅：世界を体系化するある思惟の 像的背景。科學83(8):P906-909。

中華民國自然步道協會，2000。台大校園自然步道（初版）。貓頭鷹。

天竺奇譚，いちばんわかりやすい インド神話。黃詩婷譯，2020。印度諸神皆有戲：神魔、變身、情慾、戰鬥、創造、破壞的創意源頭（初版）。圓神。

心岱，2004。台灣的植物園（初版）。遠足文化。

心岱，2007。台灣植物園（初版）。行政院農業委員會林業試驗所。

心舫，2008。佛教念珠全書（初版）。商周。

王秋美(Wang, Chiu-mei)、吳志昇(Wu, Chih-sheng)，1997。Coccinia Grandis (Cucurbitaceae)，A Newly Naturalized Weed in Taiwan。Bulletin of the National Museum of Natural Science(9) : P117-121。

王瑞閔，2018。看不見的雨林——福爾摩沙雨林植物誌：漂洋來台的雨林植物，如何扎根台灣，建構你我的歷史文明、生活日常（初版）。麥浩斯。

王瑞閔，2019。舌尖上的東協——東南亞美食與蔬果植物誌：既熟悉又陌生，那些悄然融入台灣土地的南洋植物與料理（初版）。麥浩斯。

本來無一物，2017。佛學與瑜伽的重大關聯(一)：認識瑜伽與禪定。

本來無一物，2017。佛學與瑜伽的重大關聯(二)：瑜伽與佛法相依相輔。

白玉京，2017。慈禧乃一介女流，為何稱為「老佛爺」。每日頭條。

伍淑惠，2015。恆春熱帶植物園——跨世紀的熱帶林木。行政院農業委員會林業試驗所。

全佛編輯部，2001。佛教的植物（上）（初版）。全佛。

全佛編輯部，2001。佛教的植物（下）（初版）。全佛。

全佛編輯部，2014。佛教的護法神（初版）。全佛。

印度安娜，2020。解密印度廚房：香料、沾醬、調味料、印度餅，80道料理與飲食文化全詳解（初版）。麥浩斯。

吉布，2010。藏密圖文百科1000問（簡體書）（初版）。中國：陝西師範大學出版社。

朱文光，2003。漢語佛學研究的方法論轉向。人間佛教薪火相傳第四屆 印順導師思想之理論與實踐學術研討會論文。

米絲肉雞，2017。「印度篇」：今日Google小故事，彩虹路跑的由來！早安。神話故事。

米絲肉雞，2017。「印度篇」：如果印度神話是網路遊戲。早安。神話故事。

米絲肉雞，2017。「印度篇」：你的一生，不過就是神的性玩具。早安。神話故事。

米絲肉雞，2017。「印度篇」：毗濕奴，我愛你。By 濕婆。早安。神話故事。

米絲肉雞，2017。「印度篇」：蛋蛋被割掉的雷神天帝！因陀羅！早安。神話故事。

米絲肉雞，2017。「印度篇」：創世神話與天菜男神-濕婆。早安。神話故事。

艾菊 ，2013。宗教聖境與生物多樣性保護。《民族學刊》第四卷：P69-122。

行政院農業委員會林業試驗所，2011。台北植物園植物與人生：自然教育解說手冊（初版）。行政院農業委員會林業試驗所。

吳永華，1997。被遺忘的日籍臺灣植物學者（初版）。晨星。

吳永華，2016。早田文藏：臺灣植物大命名時代（初版）。國立臺灣大學出版中心。

吳俊賢，2017。菩提樹與龍華樹。林業研究專訊24(6)：P30-31。

吳燈山，1996。大冒險家：法顯大師（初版）。法鼓文化。

呂福原、歐辰雄、陳運造、祁豫生、呂金誠、曾彥學，2006。台灣樹木圖誌（初版）。作者自行出版。

李世偉，2008。臺灣佛教、儒教與民間信仰（初版）。博揚。

李招治、伍淑惠，2010。藝術家的眼睛：恆春熱帶植物園之美（初版）。行政院農業委員會林業試驗所。

李瑞宗，2007。臺北植物園與清代欽差行台的新透視（初版）。南天書局。

李瑞宗，2012。沉默的花樹：台灣的外來景觀植物（初版）。行政院農業委員會林業試驗所。

汪文豪，2014。被遺忘的南門町三二三 重現台北植物園。上下游。

東新社，2019。緬甸蒲甘古城列入世界遺產名錄。每日頭條。

林春吉，2009。台灣水生與濕地植物生態大圖鑑（上冊）（初版）。天下文化。

林珠變等，2000。台北植物園自然教育解說手冊2（初版）。行政院農業委員會。

林富士，2017。檳榔與佛教——以漢文文獻為主的探討。中央研究院歷史語言研究所集刊第八十八本第三分：P453-519。

林德勳、蔡孟興、張淑姬，2003。下坪熱帶植物園自然解說手冊（初版）。臺大農學院林管處。

林慧貞，2014。活的自然課本 台北植物園百年歷史。上下游。

邱輝龍、魏趨開、張淑芬，2006。台灣常見的芭蕉科觀賞作物。《技術服務》17卷4期：P19-23。

胡維新、洪夙慶，2001。台灣低海拔植物新視界（初版）。人人。

范素瑋，2017。持續演變的植物園。林業研究專訊24(6)：P12-16。

奚淞，2003。大樹之歌：話說佛傳（初版）。雄獅。

泰國資訊指南，2017。關於泰國佛教一些你不知道的事兒。每日頭條。

高雄山林管理所，1952。台灣熱帶林業。高雄山林管理所。

高楠順次郎、木村泰賢。釋依觀譯，2017。印度哲學宗教史 新譯本（初版）。台灣商務。

張育森等，2008。臺大自然美：臺大校園植物導覽手冊（初版）。臺大。

張梅雅，2010。佛教香品與香器全書（初版）。商周。

張淑鳳，2018。佛教的醫藥觀與養生觀的研究——以日常法師《菩提道次第廣論》開示為中心。南華大學人文學院宗教學研究所碩士論文。

張家綸，2018。近代臺灣森林學研究之回顧與展望。2018臺灣史研究的回顧與展望學術研討會論文。中央研究院。

張惠珠，2014。無憂花開迎佛誕。中台山月刊173期。

張蘊之、許紘捷，2014。吳哥深度導覽：神廟建築、神話傳說、藝術解析完整版（初版）。貓頭鷹。

莊宗益，2013。巨樹精靈生態觀察：雙溪熱帶樹木園（初版）。黃蝶翠谷保育基金會。

莊國彬，2015。《瑜伽經》與佛教思想的比較。圓光佛學學報第二十六期：P51-108。

許再富、劉宏茂，1994。西雙版納傣族傳統植物知識體系與植物多樣性持續發展的關係。生物多樣性研究進展論文集。中國：中國科學技術。

許再富、劉宏茂，1995。西雙版納傣族貝葉文化與植物多樣性保護。《生物多樣性》第三卷第三期：P174-179。

許純鎰，2018。泰國佛教之謎（上）：萬花筒般的上座部信仰。轉角國際。

許純鎰，2018。泰國佛教之謎（下）：揉合精靈、童神的綜攝世界。轉角國際。

許貿淞，2018。佛祖傳（全三冊）（初版）。原動力文化。

郭信厚、范義彬等，2004。台北植物園自然教育解說手冊-民生植物篇（再版）。行政院農業委員會林業試驗所。

郭寶章，1989。育林學個論（初版）。國立編譯館。

陳月文，1996。頓悟南蠻子：六祖惠能（初版）。法鼓文化。

陳月文，2000。植物的故事（初版）。聯經出版公司。

陳明，2018。漢譯佛經中的天竺藥名札記（一）。中醫藥文化第13卷第1期：P39-46。

陳明，2018。漢譯佛經中的天竺藥名札記（二）。中醫藥文化第13卷第2期：P28-34。

陳明，2018。漢譯佛經中的天竺藥名札記（三）。中醫藥文化第13卷第3期：P14-21。

陳明，2018。漢譯佛經中的天竺藥名札記（五）。中醫藥文化第13卷第5期：P31-36。

陳明，2018。漢譯佛經中的天竺藥名札記（六）。中醫藥文化第13卷第6期：P25-32。

陳明，2019。漢譯佛經中的天竺藥名札記（八）。中醫藥文化第14卷第3期：P79-88。

陳德順、胡大維，1976。台灣外來觀賞植物名錄（初版）。作者自行出版。

陸奧，2017。吳哥窟——全世界最大的毗濕奴神殿。陸奧紀行物語。景觀設計學 LAFrontiers，2018。西雙版納佛寺的「五樹六花」不只有11種植物？。知乎。

曾彥學等，2016。惠蓀饗宴：植栽食藥用植物圖鑑（初版）。興大農資學院林管處。

游原厚、竹君，2019。東方神祇事典：全彩演繹諸神形象，探索中國．日本．印度90位神祇身世、歷史緣起及經典傳說（初版）。西北國際。

黃晨淳，2018。印度神話故事【新版】（三版）。好讀。
園藝文摘編輯部，2006。紅瓜與赤道櫻草 熱帶原生蔬菜之開發與推廣(上)。園藝文摘。
楊致福，1951。台灣果樹誌（初版）。台灣省農業試驗所嘉義農業試驗分所。
楊惠南，2002。明清時期台灣佛教的神佛不分與三教同源。
楊惠南，2002。明鄭時期台灣「名士佛教」的特質分析。《台灣文獻》第五十三卷第三期：P1-38。
瑜伽人，2016。佛陀與瑜伽的關係。每日頭條。
聖嚴法師，2006。印度佛教史（三版）。法鼓文化。
路統信，1995。資源植物與植物園（初版）。造林協會。
廓萬禾，2019。金庸小說中的佛理（初版）。心一堂。
廖日京，1999。植物園 Botanical Gardens（初版）。作者自行出版。
廖靜蕙，2016。傳遞「植物の優」 台北植物園120年保種續航。環境資訊中心。
廖靜蕙，2017。城南亮起來，植物大浩劫：台北植物園最後八公頃腹地何去何從？環境資訊中心。
褚瀟白、王媛、薛達元，2007。西雙版納傣族傳統佛寺文化與植物多樣性保護。《佛教文化》：P74-83。
趙伯樂，2001。永恆的涅槃——印度文明朝聖（初版）。世潮出版。
劉益昌，2011。歷史的植物園腳步：從考古學研究談起（初版）。行政院農委會動植物防疫檢疫局。
慧讀古典，2017。佛教的未來佛——彌勒佛是什麼來歷，為何在中國稱為「布袋和尚」。每日頭條。
樓梅芳等，2000。台北植物園自然教育解說手冊植物篇（初版）。行政院農業委員會林業試驗所。
潘富俊、黃小萍、呂勝由，2001。台北植物園步道（初版）。貓頭鷹。
鄧惠珍，2008。白權發揮大愛，「歡喜園」即將成為「彰化縣立植物園」。陽光彰化第10期：P42-45。
蕭登福，1996。論佛教受中土道教的影響及佛經真偽。中華佛學學報第九期：P83-98。
諾布旺典，2016。佛教動植物圖文大百科：跟佛陀一起觀禽賞花（簡體書）（初版）。中國：紫禁城。
應紹舜，1992。台灣高等植物彩色圖誌第四卷（初版）。作者自行出版。
應紹舜，1993。台灣高等植物彩色圖誌第二卷（二版）。作者自行出版。
應紹舜，1995。台灣高等植物彩色圖誌第五卷（初版）。作者自行出版。
應紹舜，1996。台灣高等植物彩色圖誌第三卷（二版）。作者自行出版。
應紹舜，1998。台灣高等植物彩色圖誌第六卷（初版）。作者自行出版。
應紹舜，1999。台灣高等植物彩色圖誌第一卷（三版）。作者自行出版。
戴之昂，2007。法顯的海上絲路之旅（初版）。台灣商務。
鍾明哲、楊智凱，2012。台灣民族植物圖鑑（初版）。晨星。
簡慶德等，1997。恆春熱帶植物園-自然教育解說手冊1（初版）。行政院農業委員會。
藍天綠地工作室，2001。中興大學生態步道（初版）。貓頭鷹。
顏素慧，2019。釋迦牟尼小百科（初版）。橡樹林。
釋聖空，2000。清世宗與佛教。中華佛學研究所博士論文。
釋聖嚴，2015。比較宗教學（精裝本）（改版）。台灣中華書局。

悉達多的花園 佛系熱帶植物誌

日常中的佛教典故、植物園與花草眾相

作　　者　王瑞閔
社　　長　張淑貞
總 編 輯　許貝羚
責任編輯　謝采芳
校對協力　王瑋湞、劉家駒、陳子揚、蔡瑜珊
美術設計　Bianco_Tsai
內頁排版　關雅云
插畫繪製　胖胖樹 王瑞閔
行銷企劃　陳佳安
課程企劃　曾于珊、謝佩耘、李玉玓

發 行 人　何飛鵬
事業群總經理 李淑霞
出　　版　城邦文化事業股份有限公司・麥浩斯出版
地　　址　104 台北市民生東路二段 141 號 8 樓
電　　話　02-2500-7578
傳　　真　02-2500-1915
購書專線　0800-020-299

發　　行　英屬蓋曼群島商家庭傳媒股份有限公司城邦分公司
地　　址　104 台北市民生東路二段 141 號 2 樓
讀者服務電話 0800-020-299（09:30 AM ～ 12:00 PM・01:30 PM ～ 05:00 PM）
讀者服務傳真 02-2517-0999
讀者服務信箱 E-mail：csc@cite.com.tw
劃撥帳號　19833516
戶　　名　英屬蓋曼群島商家庭傳媒股份有限公司城邦分公司

香港發行　城邦〈香港〉出版集團有限公司
地　　址　香港灣仔駱克道 193 號東超商業中心 1 樓
電　　話　852-2508-6231
傳　　真　852-2578-9337
馬新發行　城邦〈馬新〉出版集團 Cite(M) Sdn. Bhd.(458372U)
地　　址　41, Jalan Radin Anum, Bandar Baru Sri Petaling,57000 Kuala Lumpur, Malaysia
電　　話　603-90578822
傳　　真　603-90576622

製版印刷　凱林彩印股份有限公司
總 經 銷　聯合發行股份有限公司
地　　址　新北市新店區寶橋路 235 巷 6 弄 6 號 2 樓
電　　話　02-2917-8022
傳　　真　02-2915-6275

版　　次　初版 7 刷 2024 年 3 月
定　　價　新台幣 650 元　港幣 217 元

國家圖書館出版品預行編目 (CIP) 資料

悉達多的花園——佛系熱帶植物誌：日常中的佛教典故、植物園與花草眾相 / 王瑞閔著 . -- 初版 . -- 臺北市：麥浩斯出版：家庭傳媒城邦分公司發行 , 2020.05
面；　公分
ISBN 978-986-408-599-6 (平裝)
1. 佛經 2. 研究考訂 3. 植物圖鑑

221.01　　109005155